Wolfgang Pramper

Lese-Lern-Maschine 2

7. – 9. Schuljahr

Selbstständiges Lernen im offenen Unterricht oder zu Hause

Cornelsen

Inhaltsverzeichnis

Augengymnastik und Konzentrationsübungen ... 35

Das Gelesene verstehen ... 53

Für Eltern und Lehrer

Ob als Lehrer in der Klasse oder als Elternteil zu Hause:

Verleihen Sie dem guten Lesen Bedeutung, etwa in der Weise:

- **Lesen Sie vor** – möglichst stimmungsvoll und oft,
- **erzählen Sie Geschichten** – von tollen Büchern,
- **schenken Sie Bücher** – vorerst nur dünne –
- und **greifen Sie selbst zu Büchern** – vor Ihren Kindern!

Dann wird der Erfolg nicht ausbleiben, Ihre Kinder werden ganz automatisch Interesse am Lesen gewinnen.

Über den Umgang mit der „Lese-Lern-Maschine"

- Erforschen Sie zuerst die **Lesequalität** des Übenden anhand des **Lesetests** von Seite 8 bis 10 und des **Beobachtungsbogens** auf Seite 94. Dann können Sie ein **gezieltes Programm zur Leseförderung** erstellen. Dabei hilft Ihnen die Übersicht auf Seite 95.
- Oder lassen Sie die Übungen der „Lese-Lern-Maschine" **der Reihe nach** bis zur letzten Seite durchführen. Damit verhelfen Sie dem Übenden zu einer breit gefächerten Leseförderung. Sollen jedoch nur bestimmte Themen geübt werden, beachten Sie die **Stichwörter** für gezieltes Üben auf Seite 96.
- Lassen Sie jede Übung, nachdem sie durchgeführt wurde, im **Trainingsplan** eintragen! Damit wird der Eifer und der Fortschritt für den Übenden sichtbar.

Tipps für Lehrer oder Eltern

- Lassen Sie den Übenden **nie sofort laut lesen,** lassen Sie ihn erst durch stilles Lesen den Text vorbereiten. Schlechte Leser sollen nur kurz lesen.
- Aufgaben, die der Übende besser mit Unterstützung eines Lehrers, Elternteils oder Mitschülers löst, sind mit diesem Symbol ▷ gekennzeichnet.
- Bei Aufgaben mit diesem Zeichen ⏱ kommt es auf Schnelligkeit an.
- Bessern Sie nicht jeden kleinen Fehler des Übenden aus!
  Lassen Sie **kein Ausbessern** durch Mitschüler zu.
- **Loben** Sie die **Fortschritte** und den **Fleiß** des Übenden gebührend!

Die Kapitelleisten bemalen

Lassen Sie die Schüler die Auftaktleisten der Kapitel mit ihren Lieblingsfarben ausmalen.

Speziell für dich!

Setze dir das Ziel, ein guter Leser zu werden. Aber keine Panik, wenn es nicht sofort klappt. Gut lesen können ist kein Ziel, das man von heute auf morgen erreicht.
Der große Dichter Johann Wolfgang Goethe hat mit 80 Jahren sinngemäß Folgendes gesagt: „Beim Lesen merke ich, dass ich noch immer dazulerne, Lesen lernt man nie aus!“
Damit hat Goethe nicht gemeint, dass er mit 80 Jahren nicht lesen konnte, sondern dass man sich auf diesem Gebiet immer noch verbessern kann.
Nun, ich hoffe, du brauchst nicht 80 Jahre, bis du das Übungsheft fertig durchgearbeitet hast. Du solltest schon etwas schneller sein. Aber versuche auch nicht, alles auf einmal zu machen. Besser ist es, regelmäßig mittelgroße „Trainingsportionen“ zu sich zu nehmen.

Tipps für dich

- Dem guten Vorleser hört man gerne zu. Nimm dir vor, ein **guter (Vor-)Leser** zu werden. Mit einiger Übung schaffst du es.
- Trau dich, **langsam** zu lesen und deiner Stimme einen **interessanten Klang** zu geben.
- **Lass dir** beim Vorlesen **Zeit.** An geeigneten Stellen mache absichtlich **Pausen.** Versuche nicht, das Vorlesen möglichst schnell hinter dich zu bringen.
- Wenn dir **Fehler** passieren, **nur keine Panik!** Schalte im Tempo einen Gang zurück.
- **Lösungen** zu den Übungen findest du im beigelegten Lösungsheft.

Wörter verwandeln

1 Verwandle das Wort „Mast“ in „Haus“ usw.
In jeder Zeile darf nur ein Buchstabe ausgewechselt werden, und das Wort muss sinnvoll sein.

MAST	GANS	WIND	TORTE	TINTE	HANS
HAST	______	______	______	______	______
HAUT	______	______	______	______	______
HAUS	HAUT	HANS	WETTE	WANNE	MAUL

Lesetest

2 Dieser Lesetest am Beginn soll dir Auskunft darüber geben, wie gut es um dein **Lesetempo** steht. Versuche **möglichst schnell** den folgenden Text zu lesen, aber doch **so genau,** dass du anschließend einige Fragen zum Text beantworten kannst.
▷ Jemand soll deine Lesezeit stoppen.
Lies laut und beginne jetzt.

Der Watzmann (nach einer Sage aus Bayern)

Vor vielen, vielen Jahren regierte König Watzmann über Bayern und Salzburg. Er war bei seinen Untertanen sehr gefürchtet, da er sehr grausam über sie herrschte. Den größten Spaß hatte er, wenn er durch seine Länder ritt und den Bauern Angst und Schrecken einjagte. Seine Burg stand in Berchtesgaden in der Nähe des Königssees. Die Leute, die in der Umgebung der Burg wohnten, hatten besonders unter dem üblen König Watzmann zu leiden.

Eines Tages ließ er aus lauter Übermut statt der Ochsen einige Bauern vor den Pflug spannen. Die scharfen Hunde des Königs trieben die Leute zur Arbeit an. Die Bauern bissen die Zähne zusammen und machten gute Miene zum bösen Spiel, um nicht noch mehr gequält zu werden.

Einer der Bauern, die den Pflug zogen, war der alte Hias. Als er vor Müdigkeit mit dem Fuß im Erdboden hängen blieb, wühlte er die lockere Erde auf. Aus der kleinen Grube, die dabei entstanden war, kroch plötzlich ein winziges Männlein hervor, blickte sich vorsichtig um und sprang dann dem Alten am Rock hoch. Der erschrak darüber so sehr, dass er aufschreien wollte. Da legte der kleine Kerl schnell den Zeigefinger an den Mund und sagte leise: „Pst, sei still! Ich erkläre dir alles später!“ Im nächsten Augenblick sprang er ihm in den Hosensack und blieb dort für den Rest des Tages.

Als der alte Bauer am Abend von der schweren Arbeit todmüde nach Hause kam, holte er vorsichtig das Männlein aus dem Sack und stellte es auf den Tisch. Der Zwerg machte ein ernstes Gesicht und sprach mit dünner, piepsender Stimme:

„Ich bin Heinzel, der König der Erdmännlein. Lange genug haben wir zugesehen, wie herzlos König Watzmann euch arme Bauern quält. Wir haben beschlossen, euch für immer von ihm zu befreien. Rufe alle Leute zusammen, damit ich ihnen sagen kann, was sie tun sollen.“

Als alle versammelt waren, fragte sie der

Heinzel: „Wollt ihr wieder freie Bauern werden?"

„Ja!", riefen sie wie aus einem Mund.

„Dann füllt morgen früh eure Taschen mit Steinen!", sprach das Heinzelmännlein. „Sobald sich König Watzmann blicken lässt und wieder seine Hunde auf euch hetzt, werft die Steine nach ihnen. Ihr braucht euch nicht mehr vor dem König zu fürchten. Von nun an steht ihr unter meinem Schutz!"

Die Bauern standen noch lange mit einem ungläubigen Gesicht herum. „Diese kleinen Steine sollen uns gegen die wilden Hunde helfen?", fragten sie sich. „Das wird uns nicht viel nützen!" Dann aber beschlossen sie doch, so zu handeln, wie ihnen aufgetragen worden war.

Am nächsten Morgen kam König Watzmann wieder mit seinen Hunden angeritten. Diesmal war er besonders schlechter Laune und wollte die Bauern noch mehr quälen als sonst. Am Rande des Feldes hielt er sein Pferd an und rief den kläffenden Hunden zu: „Hussa! Hussa! Los! Jagt die verdammten Bauersleute!"

Im selben Augenblick jagte die Meute schon querfeldein und auf die Bauern zu. Die aber griffen in ihre Hosensäcke, holten die Steine hervor und warfen sie in hohem Bogen gegen die heranjagenden Hunde. Die Steine wurden jedoch während des Fluges durch die Luft zu großen Felsbrocken, und auf jedem hockte ein Erdmännlein, das laut und höhnisch lachte. Da stutzten die Hunde, sie zogen die Schwänze ein und liefen, so schnell sie nur konnten, zu ihrem Herrn zurück. Doch der steinerne Hagel prasselte auch hier auf sie nieder und erschlug sie und König Watzmann. Darauf fingen auch noch alle anderen Steine, die bisher ruhig auf dem Boden gelegen hatten, zu hüpfen an. Sie bedeckten den König immer mehr und mehr und türmten sich über ihm zu einem riesigen kegelförmigen Berg empor.

Den mächtigen neuen Berg nannte man später den „Watzmann". Und wenn in seinen Felsen der Sturm heult, sagen die Leute: „Es jaulen die Hunde des Königs!"

Von den Erdmännlein hat man nichts mehr gehört und gesehen.

Auswertung des Lesetests

Deine Lesezeit: ______________ (Text ca. 620 Wörter)

Beantworte jetzt die Fragen, ohne im Text nachzulesen!

1. Die Burg von König Watzmann stand in: ______________
2. Welche Tiere zogen zu dieser Zeit üblicherweise den Pflug? ______________
3. Wie hieß einer der Bauern, die den Pflug ziehen mussten? ______________
4. Wo verbrachte das kleine Erdmännlein den Rest des Tages? ______________
5. Das Erdmännlein war ein: ______________
6. Wie hieß der König der Erdmännlein? ______________
7. Womit sollten die Bauern ihre Taschen füllen? ______________
8. Gegen welche Tiere sollten sich die Bauern verteidigen? ______________
9. Wovon wurde König Watzmann erschlagen? ______________
10. Aus welchem deutschen Bundesland stammt diese Sage? ______________

(Lösung: siehe Lösungsheft, S. 1)

Für jede nicht richtig beantwortete Frage zähle 10 Sekunden dazu.

Deine Lesezeit mit der zusätzlichen Zeit für nicht beantwortete Fragen: ______________

Die Bewertung der Lesezeit (beim lauten Lesen):

Lesezeit	Wörter pro Minute	Das Lesetempo ist
von 2.00 min bis 2.15 min	250 bis 222	ausgezeichnet
von 2.30 min bis 2.45 min	200 bis 181	sehr schnell
von 3.00 min bis 3.15 min	166 bis 153	schnell
von 3.30 min bis 3.45 min	133 bis 142	noch ausreichend
von 4.00 min bis 4.15 min	125 bis 117	langsam
von 4.30 min bis 4.45 min	111 bis 105	zu langsam
von 5.00 min bis 5.15 min	100 bis 95	sehr langsam
von 5.30 min bis 5.45 min	90 bis 86	viel zu langsam
von 6.00 min bis 6.15 min	83 bis 80	viel, viel zu langsam

Schneller und besser lesen

Mehr mit einem Blick erfassen

Nur in den kurzen Momenten, in denen dein Auge stillsteht, kannst du lesen. Das kannst du gut beobachten, wenn du einem Leser ins Auge blickst.

So springt der Blick über die Zeilen und bleibt für einen kurzen Augenblick immer wieder stehen. In diesen Momenten wird gelesen. Je mehr ich mit einem Blick erfassen kann, umso schneller kann ich lesen. Bei schlechten Lesern ist die Breite des Blickes nur ein, zwei, drei Buchstaben breit, bei guten Lesern 10 und mehr. Der gute Leser kann sogar mehrere kurze Wörter auf einmal erfassen.

Die Stellen, an denen der Blick Halt macht, nennt man **Fixationspunkte.**

Die Breite, die man mit einem Blick erfasst, nennt man **Fixationsbreite.**

Rücksprünge, wenn man sich verlesen hat oder wenn man sich nicht auskennt, nennt man **Regression.**

Das Weitergehen des Blickes zur nächsten Zeile nennt man **Rückschwung.**

Tipps für schnelleres Lesen

- Bemühe dich, immer wieder für kurze Zeit **beim leisen Lesen** „kräftig Gas zu geben" und dabei dein **Höchsttempo** zu erreichen oder sogar noch zu steigern.
- Lies immer **aktiv!** Das heißt, denke immer gut mit und stelle dir das Gelesene in **Bildern** vor, wenn das möglich ist.
- Lies **nie hastig Wort für Wort,** sondern sprich Wörter, die zusammengehören, auch zusammen aus. Eine Wortgruppe, die vom Sinn her zusammengehört, nennt man „Sinnschritt".

Blitzlesen mit Wörtern

3 Lies die folgende Wortliste möglichst schnell.
Versuche dabei richtig „Gas zu geben“ und gegen Ende immer schneller zu werden.
Wandere dabei mit dem Blick die Linie hinunter.
Versuche die Zeilen mit einem Blick zu erfassen und nicht von links nach rechts zu lesen.

Limonade	Regierung	Totenstille	Kontrolle
Passagier	Reparatur	Türschloss	Korrektur
Porzellan	Sauerkraut	Universität	Industrie
Prospekt	Schicksal	intelligent	Flugplatz
Kilometer	Schildkröte	Interesse	Flüssigkeit
Geschwulst	schließlich	Jagdwurst	Garantie
Gespenst	Schokolade	Karussell	Geburtstag
Geständnis	Fährschiff	Apotheke	gefährlich
Fahrrad	Werkstätte	mit Absicht	Gegend
Margarine	Gesundheit	Motorrad	Entlassung
Qualität	Temperatur	Angebot	Entwicklung
Ratschlag	Terrasse	Kassette	Kaufvertrag
Referat	Thunfisch	Konferenz	Kenntnisse

Schaffst du noch einen zweiten Durchgang?

Augengymnastik

4 Verbessere die Ausdauer deiner Konzentration.
In dem Rechteck befinden sich die Ziffern von **1 bis 20.**
Berühre so schnell wie möglich die Ziffern in der richtigen Reihenfolge mit einem Stift.

Wie funktioniert das Lesen?

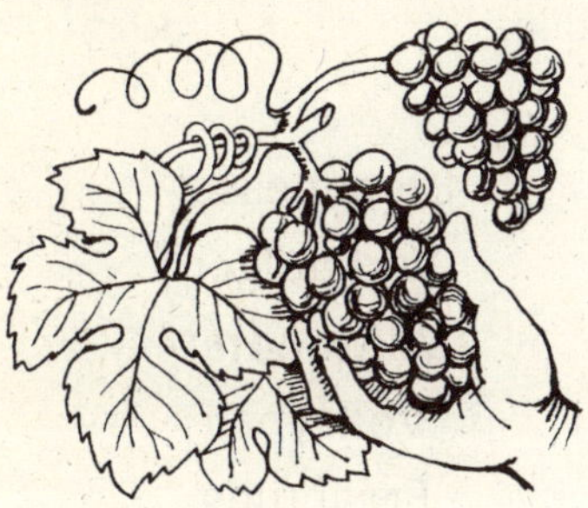

Der Begriff „lesen" kommt von „etwas einsammeln". Wir verwenden den Begriff auch im Wort „Weinlese" und das zeigt recht gut die tiefere Bedeutung des Wortes „lesen". Bei der Weinlese umfasst der Weinbauer die ganze Weintraube mit einem Griff und nimmt sie ab. Ähnlich ist es beim Lesevorgang: Das Auge erfasst ein Wort oder eine kleine Wortgruppe mit einem Blick und schickt diese Information zum Gehirn, wo sie entschlüsselt wird.

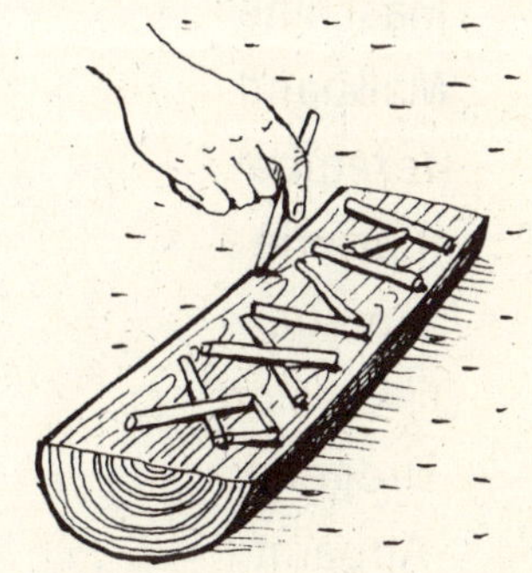

Unsere Vorfahren, die Germanen, sollen Schriftzeichen in Buchenstäbchen geritzt haben. Mehrere dieser Hölzchen wurden vom „heiligen Mann" des Stammes in die Luft geworfen, und es war entscheidend, wo und wie die Stäbchen zu Boden fielen. Beim Einsammeln, d. h. dem AufLESEN der BUCHenSTÄBchEN, deutete er die Schriftzeichen und wollte damit Ereignisse voraussagen oder Ratschläge geben.

Blitzlesen mit Wörtern

5 Lies die folgende Wortliste möglichst schnell.
Versuche dabei richtig „Gas zu geben" und gegen Ende immer schneller zu werden.

Vanillepudding	Fliesenleger	Werbekampagne	Ruhestörung
Regenschirm	Fotoapparat	widersprechen	Fernsehapparat
Dämmerung	funktionieren	Kreditvermittlung	Schwarzbeeren
Konsonanten	Schmetterlinge	Mineralwasser	Schwimmmeisterschaft
Gendarmerie	Schlagerstar	Mahnschreiben	Thermometer
Hosentasche	Radiergummis	Vanillepudding	Zweizimmerwohnung
Organisation	Weihnachten	Demonstration	Waschmaschine
Schritttempo	Wissenschaft	Blasinstrument	Anhängerkupplung
Öffentlichkeit	Wohnzimmer	Blumenvase	Wiedergutmachung
Geschworene	gewissenhaft	Rasierapparat	todunglücklich
Kommission	Lackschäden	Sommerkleid	Suppenschüssel
Schmelzkäse	Werbebranche	Durchmesser	Schusswechsel

Tipp für leichteres Lesen

- Mit dem **Finger mitzeigen** wirkt wie eine **Bremse.** Wenn du glaubst, du verlierst die Zeile, lege ein **Lineal** oder ein **Blatt Papier** unter die Zeile.

Blitzlesen mit Wörtern

6 Lies die folgende Wortliste möglichst schnell.
Versuche dabei richtig „Gas zu geben“ und gegen Ende immer schneller zu werden.

Unterschrift	Behälter	Mandarine	Brennnessel
Verhandlung	Matratze	Sekretärin	Verteidiger
Kassenzettel	Milliarden	Sekunde	Verwandter
Marmelade	Papagei	Staatsanwalt	Volleyball
Maschine	Parkplätze	Stockwerk	Ernährung
Maßband	Direktion	Tankwart	es ist wahr
Dezember	Ausweis	Telegramm	Experiment
Batterie	Automat	Publikum	Installateur
Liptauer	Abenteuer	Pullover	Abschied
Diskussion	Landschaft	Bibliothek	Addition
Drogerie	Längenmaß	Appetit	Ingenieur
Apparat	Ergebnis	Alkohol	Adresse
Batterie	Operation	bisschen	Information

Schaffst du noch einen zweiten Durchgang?

Augengymnastik

7 Verbessere die Ausdauer deiner Konzentration.
In dem Feld befinden sich die Ziffern von **1 bis 25.**
Berühre so schnell wie möglich die Ziffern in der richtigen Reihenfolge mit einem Stift.

17				13				3					16		7	
		1			24				20		12					
8						15		9				5		23		10
		19		11						22						
4			21			6		25		18			14		2	

Tipp für leichteres Lesen

- Versuche beim Lesen in einen **Rhythmus** zu kommen, bei dem du immer gleich mehrere kurze Wörter mit einem Blick erfasst. Um in diesen Rhythmus zu kommen, muss man **„absichtlich“ Pausen machen.**

Interessantes über das Lesen

Vom Gefühl her wirst du sicher glauben, dass du beim Lesen die Buchstaben rasch aneinander reihst. Das trifft auch beim Leseanfänger zu, wie du dich sicher noch erinnern wirst oder bei deinen jüngeren Geschwistern beobachten kannst.
Auch bei schwierigen Wörtern wird Buchstabe für Buchstabe erlesen, aber die allermeisten Wörter und Wortgruppen werden mit einem Blick erfasst. So kann der geübte Leser zum Beispiel den Satz „Das ist gut!“ mit einem einzigen kurzen Blick aufnehmen und den Sinn verstehen. Natürlich kann jemand, der regelmäßig liest, leichter längere Wörter blitzartig lesen als jemand, der nur selten liest.

So liest der Leseanfänger:

Auch bei schwierigen Wörtern wird Buchstabe für Buchstabe erlesen ...

So liest der geübte Leser, der regelmäßig zu Büchern greift:

... aber die allermeisten Wörter und Wortgruppen werden mit einem Blick erfasst.

Wie gut das menschliche Gehirn funktioniert, kannst du daran erkennen, dass du mit Leichtigkeit 150 bis 200 Wörter in der Minute wieder erkennen kannst. Also etwa drei in der Sekunde, und das ohne Anstrengung einige Stunden hindurch. Besonders trainierte Leser schaffen sogar 300 bis 400 Wörter pro Minute.
Übrigens kannst du schneller lesen als sprechen. Das kannst du leicht überprüfen. Lies die erste Hälfte eines Textes still und die zweite laut! Für den ersten Teil wirst du viel weniger Zeit brauchen.
Noch etwas Interessantes über das Lesen: Vielleicht glaubst du, dass du beim Lesen gleichmäßig mit den Augen von links nach rechts gleitest. Das ist eine Täuschung, die du gut bei jemand anderem beobachten kannst. Diese Person soll dir einige Zeilen vorlesen. Beobachte dabei ihre Augen genau! Dann wechselt euch ab. Was habt ihr beobachtet? Sicher ist euch aufgefallen, dass das Auge für kurze Zeit stillsteht. Nur in dieser Zeit, etwa einer Zehntelsekunde, wird gelesen. Wahrscheinlich habt ihr auch gesehen, wie das Auge am Zeilenende zur nächsten Zeile springt oder wie es zurückspringt, wenn sich der Leser nicht auskennt oder sich verlesen hat.

Das Auge steht immer für eine ganz kurze Zeit still.
Nur in diesem Augenblick kann gelesen werden, nicht, während sich das Auge bewegt.

Tipp für leichteres Lesen

- Das leise Lesen geht **ohne Lippenbewegung** schneller.
  Vermeide ein leises Mitsprechen beim leisen Lesen, deine Lippen sollen sich nicht bewegen.

Lesen mit dem „Flattersatz“

8 Lies die **wörtlichen Reden** anders als den übrigen Text.
▷ Es wäre auch möglich, dass ein anderer Schüler die wörtlichen Reden liest.
Sprich jeweils eine Zeile im Ganzen aus.
Halte eine **kurze Pause am Zeilen- und Satzende,** eine **längere Pause nach einem Sinnabschnitt** ⊖.

Peinlich, peinlich!

Ein Psychiater
war eines Tages
zum Direktor
einer psychiatrischen Anstalt
ernannt worden.
Er nahm sich in der Nähe
der neuen Arbeitsstätte
ein Hotelzimmer
und wollte noch vor Dienstantritt
eine neue Wohnung finden. ⊖
Am Morgen des ersten Tages
hatte er Lust auf ein Bad.
Während er das Wasser
einlaufen ließ,
wollte er die Zeitung
vom Türschlitz holen.
Die steckte aber so fest,
dass er sie nicht
hereinziehen konnte.
Da er bereits nackt war,
schaute er zuerst vorsichtig
auf den Gang
und huschte dann rasch
nach draußen,
um die Zeitung herauszuziehen.
Mit einem kräftigen Ruck
riss er sie heraus,
aber damit fiel auch die Tür
ins Schloss.
Jetzt stand er verlegen
auf dem Gang
und hielt sich die Zeitung vor. ⊖
In diesem Moment
kam eine elegante Dame

die Stiege herauf,
sah den nackten Mann
und schrie:
„Was fällt Ihnen ein!“
Dann lief sie davon. ⊖
Schon kurze Zeit später
kam die Polizei,
nahm den Mann
ohne lange Erklärungen fest
und brachte ihn,
wie in diesem Fall üblich,
in die nächste
psychiatrische Anstalt. ⊖
Dort sagte er
zum untersuchenden Arzt
bei der Einlieferung:
„Guten Morgen,
Herr Kollege,
ich bin der neue Direktor!“,
was dieser gar nicht witzig fand
und ihm erst einmal
eine Beruhigungsspritze verpasste.
Während er hineinstach,
sagte er:
„Natürlich,
und ich bin Frankenstein!
Bei uns sind Sie genau richtig,
Sie verwirrter Nackedei!“ ⊖
Es dauerte einige Zeit,
bis die Sache aufgeklärt war.
Der Mann
trat die neue Stelle
nie an.

Blitzlesen mit Wortgruppen

9 Lies die folgenden Wortgruppen möglichst schnell.
Versuche dabei richtig „Gas zu geben“ und gegen Ende immer schneller zu werden.

im Dunkeln tappen
gestern Abend
im Spiegel sehen
mit Müh und Not
schmächtiger Körper
die Schuhe passen
im Garten spielen
koffeinfreier Kaffee
in die Tasche greifen
wenige Treuherzige
ein gutes neues Jahr
einen Bekannten treffen
zum Schluss kommen

backfrische Semmel
das geht schnell
bitte denk darüber nach
es besteht kein Zweifel
er behauptet, dass ...
wieder vorkommen
jemandem danken
kein passendes Kleid
Kuchen backen
kühle Limonade
man kann wählen
manches Richtige
eine raue Oberfläche

süße Schokolade
überhaupt nichts
ungefähr um neun Uhr
sich entschuldigen
sich unterhalten
genau erkundigen
Gepäck einpacken
auf unerklärliche Weise
er glaubte nämlich
den Kaufmann grüßen
herzlichen Glückwunsch!
das gefräßige Krokodil
ein großer Lastwagen

Schaffst du noch einen zweiten Durchgang?

Augengymnastik

10 Verbessere die Ausdauer deiner Konzentration.
Tippe die Zahlen in der richtigen Reihenfolge an, von **1 bis 32.**
Versuche möglichst schnell zu sein. Auf los geht's los!

11 Vergleiche die beiden Zeilen miteinander.
Entdecke die **fünf Stellen,** bei denen sie sich voneinander unterscheiden.

28529846981987368975814775454645717393190923984156115765159841928
38529846981987368975814775454745717393198923984156115765149841938

Schnelles und genaues Lesen

12 Lies den folgenden Text möglichst schnell, aber doch so genau, dass du den Inhalt verstehst. Stoppe deine Zeit; bei späteren Wiederholungen sollst du deine Lesezeit verbessern.

T-14948[1]

Ephraim Kishon

An einem warmen Sommerabend beschlossen Jossele und ich, die vielgerühmte Ausstellung „Haus und Garten“ zu besichtigen, die, wie man hörte, mit Vorliebe auch von den jungen Damen der Gesellschaft aufgesucht wurde.

Wir fuhren mit meinem Wagen und parkten ihn auf dem langgedehnten Baugrund nächst dem Eingang.

Während ich die Eintrittskarten holen ging, lehnte sich Jossele an die Mauer und stocherte in den Zähnen.

Nach einer Weile trat ein Herr auf ihn zu und fragte: „Kostet?“

„35 Aguroth[2]“, sagte Jossele und nahm das Geld in Empfang.

Der Herr schien auf etwas zu warten. Schließlich fragte er:

„Bekomme ich keinen Zettel?“

„Was für einen Zettel?“

„Was heißt das: Was für einen Zettel? Für meinen Wagen!“

„Ach so“, Jossele riß aus seinem Notizbuch einen Zettel heraus und schrieb die Nummer des Autos darauf, dem der Herr entstiegen war: T-14948.

Der Herr faltete den Zettel sorgfältig zusammen und steckte ihn in die Brieftasche.

Hierauf verlangte er zu wissen, warum man hier für das Parken 35 Aguroth zu zahlen habe; auf dem bewachten Parkplatz hinten beim Schwimmbecken koste es nur 20 Aguroth.

Jossele stellte ihm frei, seinen Wagen zu nehmen und hinten beim Schwimmbecken zu parken.

Das Gesicht des Herrn lief rot an, aber da er die Ausstellung besuchen wollte, hörten wir nicht mehr genau, was er sagte.

Freundlichkeiten waren es nicht.

Jossele seinerseits hatte den Plan, die Ausstellung zu besuchen, bereits aufgegeben. Er blieb auch nicht mehr an der Mauer stehen, sondern trat sofort an jeden parkenden Wagen heran, winkte den aussteigenden Fahrer zu sich, händigte ihm einen Zettel mit der Nummer des Wagens und dem heutigen Datum ein und sagte: „35 Aguroth.“

Nur ein einziger Fahrer, ein stadtbekannter Geizkragen, weigerte sich zu zahlen und parkte seinen Wagen beinahe 3 Kilometer weiter unten (wegen lumpiger 35 Aguroth, man glaubt es nicht).

Nach zehn Minuten war Josseles Notizbuch aufgebraucht. Glücklicherweise hatte ich ein paar Formulare mit der Aufschrift „Letzte Warnung vor der Zwangsvollstreckung[3]“ bei mir.

Ich verarbeitete sie zu einer Anzahl kleiner Zettel, auf deren Rückseite Jossele weiter die Autonummern und das heutige Datum schrieb.

Schließlich war auch dieser Zettelvorrat erschöpft, und wir betraten die Ausstellung.

Eine sehr hübsche junge Dame, die einen automatischen Kartoffelschäler vorführte, ver-

1 Die Rechteinhaber haben einer Anpassung des Textes an die neue Rechtschreibung widersprochen.

2 **Aguroth:** eine kleine Währungseinheit (Münze) in Israel

3 **Zwangsvollstreckung:** Auf Gerichtsbeschluss wird einem Schuldner Eigentum weggenommen, damit seine Schulden bezahlt werden können.

wickelte uns in ein freundliches Gespräch und wollte uns ihre Telefonnummer geben, aber wir fanden in unseren sämtlichen Taschen kein Stückchen Papier mehr, um die Nummer aufzuschreiben.

Als wir die Ausstellung verließen, dachten wir kaum noch an die uns anvertrauten Wagen. Wir wurden erst wieder an sie erinnert, als der Herr, mit dem der Strom unserer Kundschaft eingesetzt hatte, totenblaß auf uns zugewankt kam und Jossele seinen Zettel unter die Nase hielt.

Man hatte ihm, wie er vorwurfsvoll bemerkte, den Wagen gestohlen.

Jossele prüfte den Zettel eingehend.

Dann sagte er: „T-14948. Stimmt. Hier haben Sie Ihre 35 Aguroth zurück."

Zum Wochenende fliegen wir nach Zypern.

Zeit beim ersten Mal: Zeit beim zweiten Mal: Zeit beim dritten Mal:

Warum das Lesen so schwer ist

Man muss mehr als ein Alphabet lernen, um flüssig lesen zu können. Dein Gedächtnis muss sich viele *Buchstabenzeichen* merken, um in den „verschiedenen" Schriften lesen zu können. Handschriften, wie unterschiedlich können sie sein, BLOCKBUCHSTABENSCHRIFTEN, **Druckschriften** und noch andere mehr. Wie unterschiedlich kann doch ein und derselbe Buchstabe aussehen!

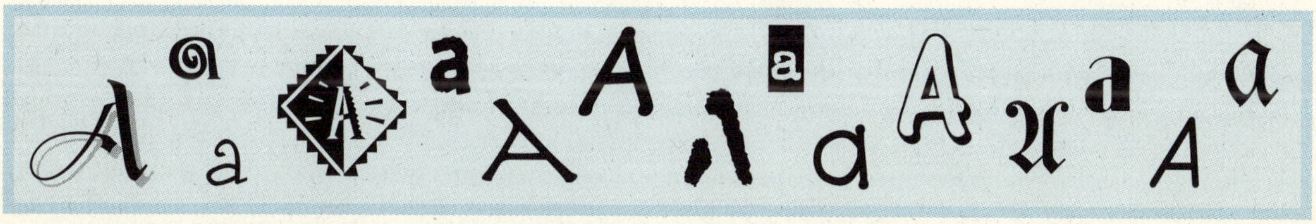

13 Verbinde die **gleichen Buchstaben** mit einer Linie.

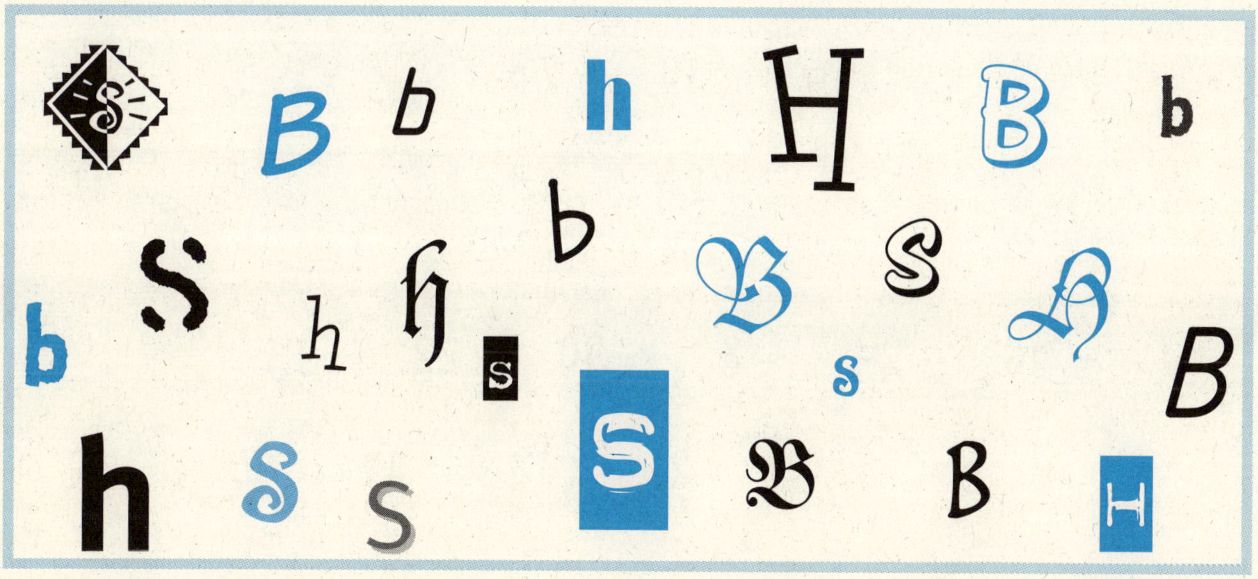

Blitzlesen mit Wortgruppen

14 Lies die folgenden Wortgruppen möglichst schnell.
Versuche dabei richtig „Gas zu geben“ und gegen Ende immer schneller zu werden.

Spaß haben	er aß Fleisch	in Ordnung	das erste Mal
Tag für Tag	einige Male	sich bedanken	davon sprechen
schlecht hören	das eine Mal	am wichtigsten	meistens nicht
ziemlich lustig	fertig sein	aus Versehen	dein Schimpfen
viel Gutes	er fiel nieder	Benzin tanken	alles Gute
guten Abend	er fuhr fort	mehr wissen	nichts Neues
es wäre schön	wieder essen	baden gehen	alles Mögliche
zum Beispiel	Wiener Würstel	beim Essen	als Ganzes
knapp vorbei	hörte nichts	nächstes Mal	am Abend
wenig Gutes	verlor Geld	das Beste	auf einmal
zum Lachen	eines Abends	das Doppelte	ihm sagen
ein lautes Ah	in die Stadt	bewusstlos sein	ihn kennen

Schaffst du noch einen zweiten Durchgang?

Augengymnastik

15 Verbessere die Ausdauer deiner Konzentration.
In dem Feld befinden sich die Ziffern von **1 bis 30.**
Berühre so schnell wie möglich die Ziffern in der richtigen Reihenfolge mit einem Stift.

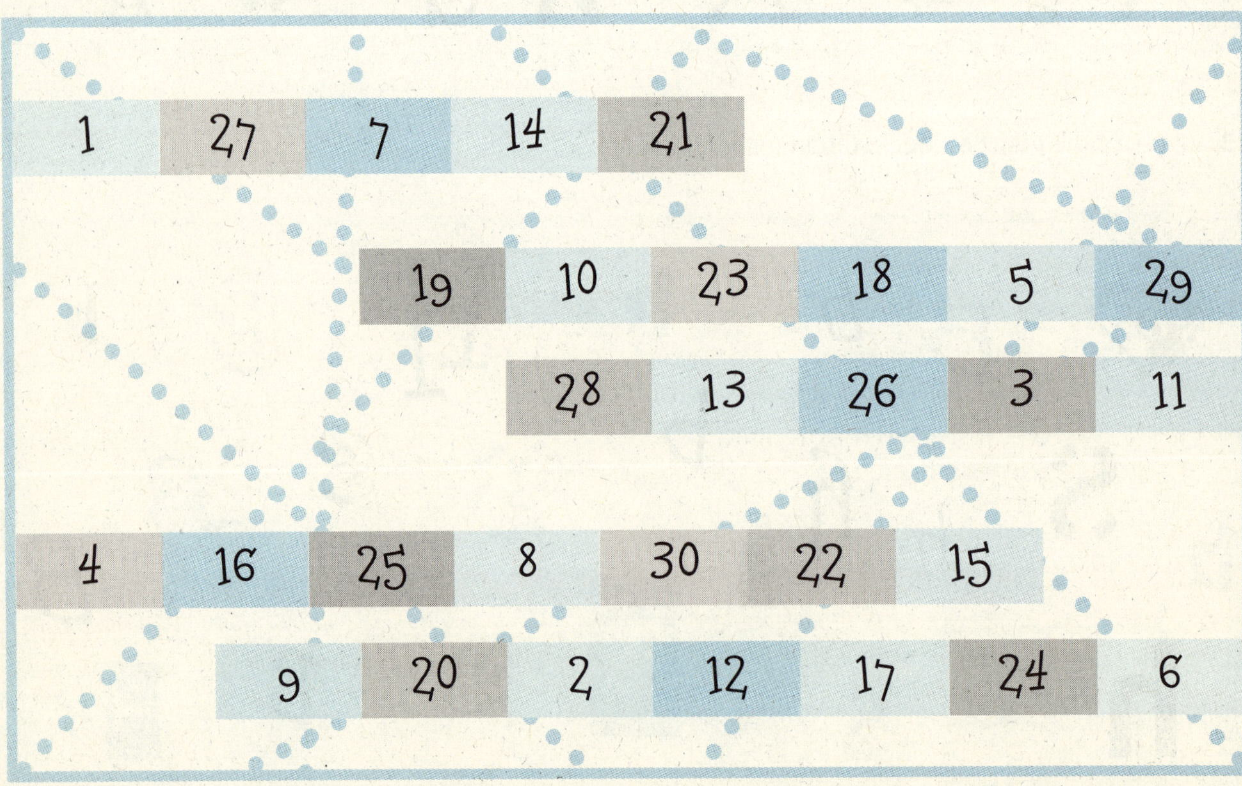

Erweiterung der Blickspanne

16 Wie lang sind die Wörter, die du **mit einem Blick** erfassen kannst?
Du sollst nur einen kurzen Blick auf die Mitte des Wortes werfen und das Wort fehlerfrei sprechen.
Es gilt nicht, das Wort von links nach rechts zu lesen.
Nimm ein Lineal zur Hand, decke das folgende Wort ab und **„blende" es sehr kurz auf.**
Du sollst es nur einen winzigen Augenblick sehen können.

aber	4	Bis hierher sollte deine Blickspanne auf jeden Fall reichen!
daher	5	
Kerze	5	
Freund	6	
Bremse	6	
Flasche	7	
Automat	7	
Menschen	8	Bis hierher? Das ist fast ausreichend!
Computer	8	
Eisenbahn	9	
Mikroskop	9	
Verwaltung	10	
Fahrschein	10	
Universität	11	Bis hierher? Das ist schon ***recht gut!***
Schultasche	11	
Lesetraining	12	
Vorhangstoff	12	
Rasierapparat	13	
Mineralwasser	13	
Schnellverkehr	14	***Toll!*** Deine Leistung ist sehr gut!
Vanillepudding	14	
Schreibmaschine	15	
Septembermorgen	15	
Donaudampfschiff	16	
Anhängerkupplung	16	
Straßenverwaltung	17	***Ausgezeichnet!*** Besser geht es nicht!
Zweizimmerwohnung	17	
Auseinandersetzung	18	
Schwimmmeisterschaft	20	
Verbrennungsmaschine	20	
Nachmittagsunterricht	21	

Blitzlesen mit Wortgruppen

17 Lies die folgende Wortliste möglichst schnell.
Versuche dabei richtig „Gas zu geben“ und gegen Ende immer schneller zu werden.

sorgfältig vorbereiten
mit bloßem Körper
nach Hause gehen
nichts vergessen
pünktlich kommen
den Korb holen
ins Boot steigen
ein kaputtes Auto
der Heilige Abend
Kartoffeln schälen
schnelles Fahren
ein paar Münzen
Koffer packen

ein kräftiges Pferd
Krapfen backen
denn es regnet
er bewies es mir
er erschrak sehr
er griff daneben
wenn er kommt
es passierte viel
ausgestattet sein
Wurst schneiden
würzige Jagdwurst
Hamburger Hafen
bedächtig sprechen

ausführlich erklären
viel Interessantes
vielleicht kommen
Vertragsformular
zu Boden stürzen
bitte seid pünktlich
dann nehme man
die delikate Gurke
der Erste werden
ein Paar Socken
ein Stechen spüren
alles gut vorbereiten
ein Wiedersehen

Schaffst du noch einen zweiten Durchgang?

Schau genau!

18 Wie viele Schlote hat die Fabrik?

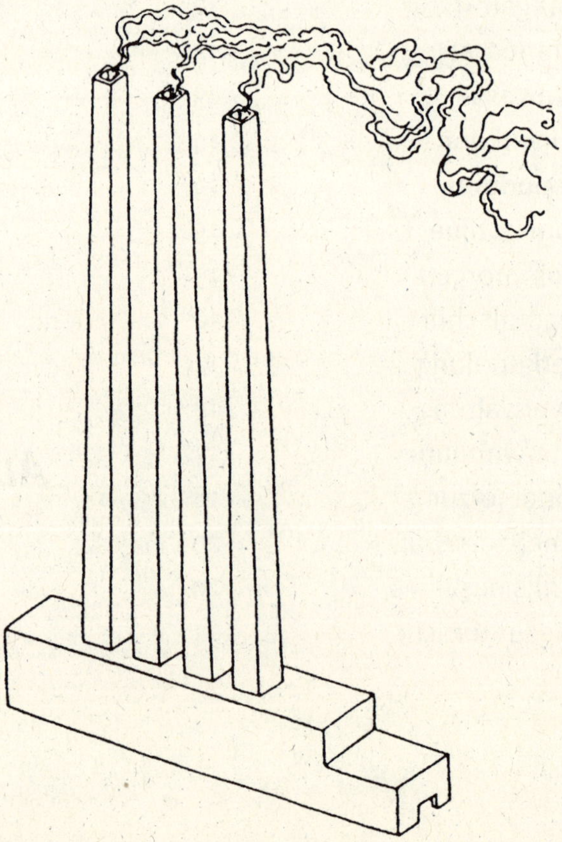

Lesetest: Stoppe deine Lesezeit

19 ▷ Bitte jemanden, dass er deine Lesezeit stoppt.
Lies genau, da du nach dem Lesen Fragen über den Text beantworten sollst.

Jetzt geht es los: **Die Zeit stoppen!**

Dädalus und Ikarus (nach einer griechischen Sage)

Der berühmte Handwerker Dädalus musste aus seiner Vaterstadt Athen fliehen.
Er hatte seinen Lehrling Talos aus Neid getötet.
Denn Talos war schon als Knabe seinem Meister an Geschicklichkeit und Einfallsreichtum überlegen.
Er hatte die Töpferscheibe und die Säge erfunden.
Deshalb war er in ganz Athen berühmt.
Das konnte Dädalus nicht ertragen.
Er führte den Jungen auf das Dach des Tempels der Göttin Pallas Athene und stürzte ihn in die Tiefe.
Dädalus wurde wegen dieses Mordes verfolgt, aber es gelang ihm, auf die Insel Kreta zu fliehen.
Einige Jahre lebte er dort mit seinem Sohn Ikarus.
Er arbeitete am Hof des Königs Minos und errang großes Ansehen.
Eines Tages fiel er beim König in Ungnade und wurde mit seinem Sohn ins Gefängnis geworfen.
Die Königstochter verhalf den beiden zur Freiheit.
Aber alle Schiffe wurden bewacht, und es war schwer, von der Insel zu fliehen.
Da kam Dädalus auf den Gedanken, für sich und Ikarus Flügel aus Federn herzustellen.
Die großen Federn befestigte er mit Fäden, die kleinern wurden mit Wachs zusammengehalten.
Zuerst legte er sich die Flügel an, dann band er das zweite Paar Ikarus an die Schultern.
Bevor sie sich in die Lüfte erhoben, warnte Dädalus seinen Sohn eindringlich, er solle nicht zu hoch fliegen, sonst würde das Wachs der Flügel in der Sonne schmelzen.
Er dürfe aber auch nicht zu tief fliegen, da dann die Wellen die Flügel durchnässten.
Aber Ikarus missachtete das Gebot des Vaters, er erhob sich im Vertrauen auf die Flügel zur Sonne, die Flügel lösten sich auf, und er stürzte ins Meer.
Als Dädalus sich umblickte, sah er seinen Sohn nicht mehr.
Nach langem Suchen sah er die Federn auf dem Wasser schwimmen.
Schließlich fand er den Leichnam.
Er begrub seinen Sohn auf der Insel, die seitdem den Namen Ikaria trägt.

Stoppen: Ende!

Zeit beim ersten Mal: ______ Zeit beim zweiten Mal: ______ Zeit beim dritten Mal: ______

20 Beantworte die Fragen, blättere nicht zurück! Für jede richtige Antwort gibt es einen Punkt.

1. In welcher Stadt beginnt die Sage?

2. Wie heißen die beiden Hauptpersonen der Sage?

3. Wer ist der Ältere der beiden?

4. Wer war ermordet worden?

5. Was war der Grund für den Mord?

6. Wohin floh der Mörder?

7. Für wen arbeitete der Mörder nun?

8. Wer verhalf dem Mörder zur Flucht aus dem Gefängnis?

9. Was stellte der Vater für sich und den Sohn her?

10. Wem kam der Sohn beim Flug zu nahe?

11. Wurde die Leiche des Sohnes gefunden?

9–11 Punkte: ausgezeichnet
7– 8 Punkte: sehr gut
5– 6 Punkte: es geht noch

Fehlerfrei lesen

Tipps für das fehlerfreie Vorlesen

- **Lass dir Zeit!** Gut und fehlerfrei kann man nur dann lesen, wenn man langsam liest. Liest man zu schnell, „stolpert" man leicht.
- Werde bei **Fehlern** nicht nervös; werde nicht schneller, sondern **langsamer.**
- **Bessere Fehler nicht umständlich aus!** Wenn der Sinn nicht sehr gestört wird, lass den Fehler Fehler bleiben und lies weiter, als wäre alles in Ordnung.
- **Übe** die Aussprache **schwieriger Wörter** besonders gut, damit die „Stolpersteine" beim Vorlesen aus dem Weg geräumt sind.

Genaues Lesen

21 Lies Zeile für Zeile möglichst ohne den kleinsten Fehler.
▷ **Wie viele Fehler** machst du pro Zeile?
Bei der Wiederholung an späteren Tagen mache es besser als beim ersten Mal.
Lies nach einer Vorbereitung laut.

	Fehler beim 1.,	2.,	3. Mal
Bande bange Bande Wange Rande Runde Wunde Lunge Zunge Runde	☐	☐	☐
Fuß muss plus Schuss küssen Pass außen Fußgänger nass Käse aus	☐	☐	☐
Leben Leber selber selbst legen Lepra Leder Lager Lampe Lack lesen	☐	☐	☐
Land lange Hand fand Rand Lager Kapern Krabben krank knapp Wange	☐	☐	☐
putzen nutzen futsch krächzen kratzen Fuchs wechseln kraxeln witzeln	☐	☐	☐
voll viel Vater Fahne Vase Fantasie Wand vielleicht vier flink fühlen fix	☐	☐	☐
Anker Angel Ankunft Angst Amt armselig Artisten Argentinien Andenken	☐	☐	☐
brennen Brand prahlen Bretter bringen Pracht Prunk Brief bringen Brei	☐	☐	☐
Achse wanken Nixe Nacken rechts rings Wechsel Wecker Nacht nächste	☐	☐	☐
Leberknödelsuppe Sauerkraut Kartoffelbrei Rindsgulasch Tomatensaft	☐	☐	☐
Lastkraftwagen Baustelle Autobahn Tankstelle Führerschein Fahrerflucht	☐	☐	☐
Teppichklopfer Staubsauger Klopfstange Mistschaufel Kehricht Mülltonne	☐	☐	☐
Mist musst Hast Rast Mast Rost meistens kleinsten Rose Maus magst	☐	☐	☐
Wachs weckst magst ragst lag Wuchs Wucht wanken schenken danken	☐	☐	☐

Vorausblickendes Lesen

22 Im folgenden Text **fehlen einige Wörter.** Sie stehen in der Seitenspalte.
Versuche den Text so zu lesen, dass man nicht merkt, dass du mit den Augen hin und her wechselst.
Mache also möglichst keine Pausen an diesen Stellen.

Der zähnefletschende Hund (nach einem indischen Märchen)

Einmal irrte ein Hund in einem	*herrenloser*
verlassenen Haus .	*umher*
Als er in ein Zimmer kam, dem alle Wände	*in*
waren, sah er plötzlich viele Hunde.	*verspiegelt*
Er sich umzingelt.	*fühlte*
Da wurde er , fletschte die Zähne und knurrte.	*wütend*
Alle Hunde im Spiegel ebenso wütend,	*wurden*
fletschten die Zähne und .	*knurrten*
Der Hund erschrak machte sich größer,	*und*
er einen Buckel machte und	*indem*
die aufstellte.	*Haare*
Aber auch die Hunde im Spiegel und	*wuchsen*
wurden immer .	*bedrohlicher*
Der Hund begann im Kreis zu laufen,	*schließlich*
so lange, bis er zusammenbrach.	*tot*
Ach, hätte er nur mit dem gewedelt,	*Schwanz*
alle Spiegelbilder ein freundliches Bild	*hätten ihm*
zurückgeworfen.	
Daraus kann lernen:	*man*
Wie man anderen begegnet, so einem begegnet.	*wird*

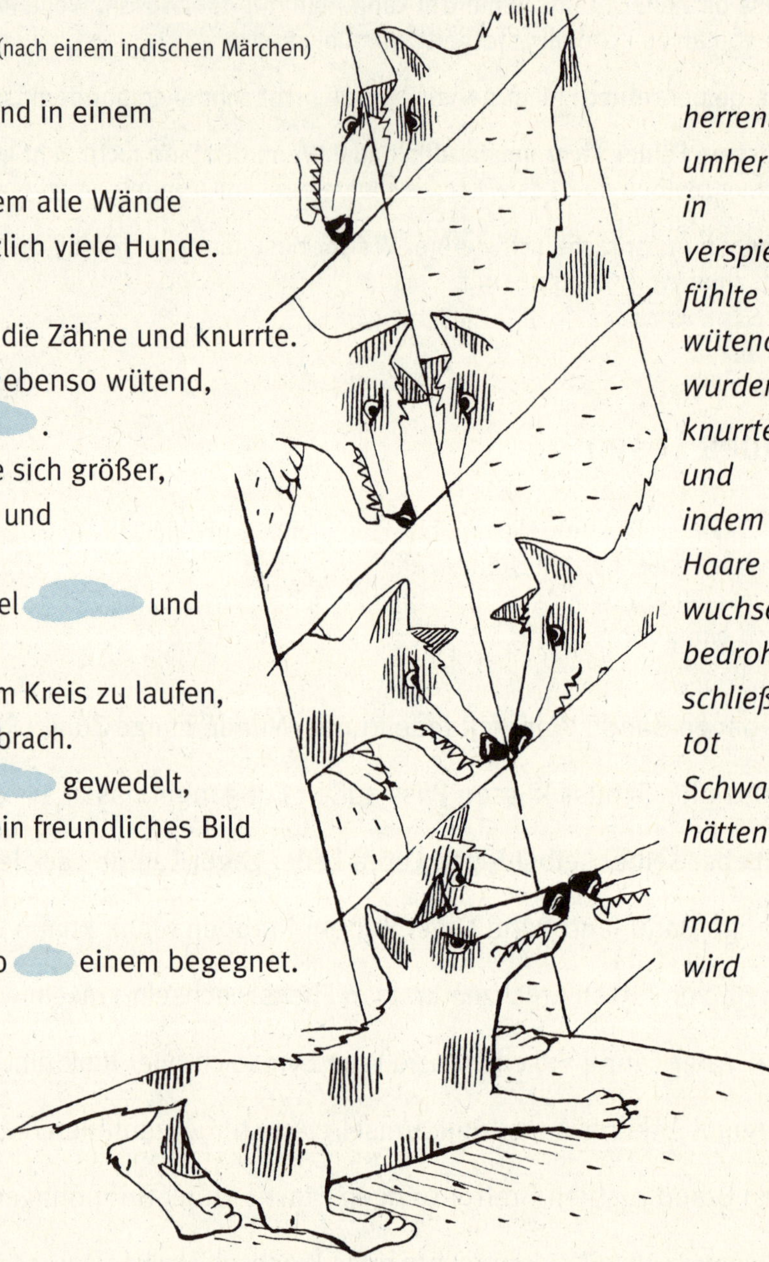

Augengymnastik

23 Verbessere deine Konzentration. Vergleiche die beiden Zeilen miteinander.
Entdecke die **fünf Stellen,** bei denen sie sich voneinander unterscheiden.

6571657258568654876584276581393190923984156115765137326272920
6571657358568654816584276581393198923984156115766137326242920

Wörter mit schlecht lesbaren Buchstaben

24 Bei diesen Wörtern ist **ein Teil verloren** gegangen.
Es ist nur die obere Hälfte zu sehen.
Mit einiger Übung kannst du sicher die Wörter schnell lesen.
▷ Schaffst du die Seite **unter zwei Minuten?**

Sendezeit
Anweisung
Abschied
Erlaubnis
berichten
Lagerung
Nutzraum
Streitwert
Forschung
Transport
Überblick
Gutachten
Güterwagen
Erfindungen
Großhandel
Augenblick
Eisenwaren
Nachfolger
telefonieren
verzeichnen
hilfsbereit
überzeugend
umfangreich
angegriffen
einschalten
Teilnehmer
regelmäßig

beschädigt
verurteilt
vorgesehen
überweisen
überzeugen
bewässern
freundlich
vollkommen
ohnmächtig
aufgerufen
beurlauben
zum Schluss kommen
in die Tasche greifen
wir müssen gehen
heute Morgen
er griff daneben
ein großes Pferd
zur Tür herein
nichts vergessen
spazieren gehen
jetzt kommen
kaputt sein
interessant
mehr wissen
ins Boot steigen
er hörte nichts
das Spiel verlieren

auf dem Stuhl sitzen
nichts können
denn es regnet
vielleicht kommen
alles vergessen
drinnen sein
im Spiegel sehen
kann kommen
herumfahren
auf einmal
hier sein
irgendwo leben
zu Ende gehen
ein kaputtes Auto
die Verbindung
wahrscheinlich
der Geburtstag
Anweisungen erteilen
zur Diskussion stellen
die Vereinigten Staaten
die Höhe der Kosten
es stand in der Zeitung
den Betrag überweisen
die wichtigsten Probleme
sicher kommen
Kontakte aufnehmen
vermutlich Recht haben

Kannst du beim zweiten Mal schneller lesen?

Erweiterung der Blickspanne

25 Die Wörter dieser Seite haben es in sich. Versuche sie **fehlerfrei zu lesen.**
Gehe so vor: Mache vor jedem neuen Wort eine kleine Pause und sprich das Wort erst aus, wenn du es sicher lesen kannst.

Bleistiftspitzer	Interesselosigkeit
Hautoberfläche	Schallplattenhülle
Dampfmaschine	Berufsmöglichkeiten
Lehrveranstaltung	Blumentopfbemalung
Bürgermeisteramt	Nachrichtensprecher
Bürstenverkäufer	Reparaturwerkstätte
Geschäftspapiere	Rundfunknachrichten
Dachdeckermeister	Fingerhandschuhe
Festveranstaltung	Lebensmittelreinheit
Gedächtnisverlust	Feuerversicherung
Handtuchaufhänger	Sekundenzeiger
Heizofenreparatur	Landkartenausschnitt
Krankheitserreger	Sommerurlaubsgebiete
Raketentreibstoff	Spiegelglasfabrikant
Druckfehlerteufel	Betriebsveranstaltung
Bergwanderung	Hundefutterverpackung
Geschenkpapier	Krankenhausaufenthalt
Bevölkerungszahl	Ferngesprächsteilnehmer
Garagentorschloss	Knochenbruchverletzung
Kaufhausdirektor	Stromverbrauchsrechnung
Scheinwerferlicht	Getränkeherstellerfirma
Schiffsmannschaft	Schokoladeerzeugung
Deckenkonstruktion	Fabrikarbeitersiedlung

Genaues Lesen

26 Lies den Text „Herr Abel besucht England". Worin besteht die Schwierigkeit?

Überall, wo Herr Abel seine Visitenkarte zeigte, nannte man ihn im schönsten Englisch „Ebel". Das ließ ihm keine Ruhe, und er ließ sich neue Karten mit der Aufschrift „Ebel" drucken. Nun wurde er „Ibel" genannt. Wieder bekam der Drucker Arbeit, er ließ sich Visitenkarten mit „Ibel" drucken. Jetzt nannten ihn alle „Eibel". Ein letztes Mal besorgte er sich neue Karten. „Eibel" stand darauf. Nun nannten ihn die Londoner wieder „Ebel". Da platzte dem Herrn Abel der Kragen, und er fuhr nie wieder in ein Land, in dem die Wechstaben so verbuchselt – äh, ich meine, die Buchstaben so verwechselt werden.

Lesen mit Hindernissen

27 Schaffst du es nach einiger Vorbereitung, diesen Text zu lesen?

Die kluge Maus

EinesTagesversammeltensichdieMäuseaufeinerWieseundberieten,wiesiesichambestenvorder
KatzeschützenkönntenVieleIdeenwurdenvorgebracht,aberbaldwiederverworfen.Dannmeldete
sicheineganzjungeMausmitfolgendemVorschlag:„WirkönntenderKatzeeineGlockeumbinden,
dannwürdenwirsieschonvonweitemhörenundkönntendavonlaufen!“AllewarenvondieserIdeebeg
eistert.NacheinigerZeitmeldetesichabereinesehralteMauszuWortundsagte:„Schönundgut,aber
werbindetderKatzedieGlockeum?“Niemandwolltedastun,unddaherhatbisheutekeineKatzeeine
Glockeum.

28 Das zu lesen schafft keiner mehr. Oder?

Was ist Faulheit?

„WASISTFAULHEIT?“,LAUTETDASAUFSATZTHEMA,UNDDIESCHÜLERSCHREIBENUNDSCHREIBEN.
ABERDERLEHRERSTAUNTNICHTSCHLECHT,ALSAUSGERECHNETDERSTINKFAULEKLAUSDERER
STEIST,DERSEINHEFTABGIBT.NOCHMEHRABERSTAUNTER,ALSERNEUGIERIGDASHEFTDURCHBLÄ
TTERTUNDLAUTERLEERESEITENVORFINDET.AUFDERLETZTENSEITEABERSTEHTINGROSSEN
BUCHSTABEN:„SEHENSIE,DASISTFAULHEIT!“

Wörter mit fehlenden Buchstaben

29 Hier **fehlen alle Vokale.** Kannst du trotzdem das vollständige Wort nennen?
Mit einiger Übung kannst du sicher die Wörter schnell lesen.
▷ Schaffst du die Seite **unter 1.30 Minuten?**

Wssr	zmlch	ncht	rchts
Vrzmmr	trtzdm	Prs	Btt
Whnzmmr	Mtrrd	blbn	Blm
Klstt	Schldkrt	Brf	pltzlch
Tllr	Tppch	Pltz	Stdt
Kchlffl	Blmnvs	rchtg	schlßlch
Flgpltz	mnchml	mglch	Schwstr
Pfrd	Schlng	Mnschn	Cmptr
Tfl	Schltschn	bsndrs	Schwmmbd
Trktr	Msk	bttn	Fßbllsplr
Nhmschn	rzt	brchn	Ksstnrkrdr
nmlch	Bspl	Lstkrftwgn	schlßn

Vorausblickendes Lesen

30 Im folgenden Text **fehlen einige Wörter.**
In der Seitenspalte stehen jeweils zwei Wörter zur Auswahl.
Übe das Lesen so lange, bis man nicht merkt, dass du mit den Augen hin und her wechselst.
Mache also möglichst keine Pausen an diesen Stellen.

Der verhinderte Krieg (nach einem chinesischen Märchen)

Als ein Krieg zwischen den ___ benachbarten	*beiden • anderen*
Völkern unvermeidlich schien, schickten die ___	*feindlichen • freundlichen*
Feldherrn Späher aus, um zu ___ , wo man am	*berichten • erkunden*
___ in das Nachbarland einfallen könnte.	*schwersten • leichtesten*
Die Kundschafter ___ bald zurück und	*flogen • kehrten*
berichteten ihren ___ ungefähr dasselbe:	*Vorgesetzten • Freunden*
„Es gibt nur eine einzige Stelle an der ___ ,	*Grenze • Linie*
um in das andere ___ einzubrechen.	*Haus • Land*
Dort lebt aber ein braver Bauer in seinem kleinen Haus	
mit ___ schönen Frau und	*seiner • keiner*
einem ___ Kind.	*feinen • kleinen*
Sie haben einander ___ , und es heißt,	*gut • lieb*
sie sind die glücklichsten ___ auf der Welt.	*Menschen • Kinder*
Wenn wir über ihr Grundstück in das Feindesland	
einbrechen, ___ wir ihr Glück zerstören.	*werden • dürfen*
Also kann es keinen ___ geben."	*Krieg • Frieden*
Das hörten die ___ , sahen es wohl oder übel ein	*Feldherrn • Bauern*
und sagten den Krieg ab,	
was ___ Mensch wohl begreifen wird.	*kein • jeder*

Augengymnastik

31 Vergleiche die beiden Zeilen miteinander.
Entdecke die **fünf Stellen,** bei denen sie sich voneinander unterscheiden.

5987827986897581477545464571739319092398415611576513732627292032764
5987827988897581877545464572729319092398415611576513732621292032764

Einen Text zum Vorlesen vorbereiten

32 Diese Ballade ist nicht leicht fehlerfrei zu lesen.
Viele Wörter, die heute nicht mehr gebraucht werden, kommen darin vor.
▷ Bereite den Text leise gut vor und versuche ihn dann mit **weniger als fünf Fehlern** zu lesen.
Wenn du das fehlerfreie Lesen schon gut beherrschst, gib deiner Stimme einen „schaurigen", „gruseligen" Ton.

Der Totentanz
Johann Wolfgang Goethe

Der Türmer, der schaut zu Mitten der Nacht
Hinab auf die Gräber in Lage;
Der Mond, der hat alles ins Helle gebracht;
Der Kirchhof, er liegt wie am Tage.
Da regt sich ein Grab und ein anderes dann:
Sie kommen hervor, ein Weib da, ein Mann,
In weißen und schleppenden Hemden.

Das reckt nun, es will sich ergötzen sogleich,
Die Knöchel zur Runde, zum Kranze,
So arm und so jung und so alt und so reich;
Doch hindern die Schleppen am Tanze.
Und weil hier die Scham nun nicht weiter gebeut,
Sie schütteln sich alle, da liegen zerstreut
Die Hemdelein über den Hügeln.

Nun hebt sich der Schenkel, nun wackelt das Bein,
Gebärden da gibt es vertrackte;
Dann klippert's und klappert's mitunter hinein,
Als schlüg' man die Hölzlein zum Takte.
Das kommt nun dem Türmer so lächerlich vor;
Da raunt ihm der Schalk, der Versucher, ins Ohr:
Geh! hole dir einen der Laken.

Getan wie gedacht! und er flüchtet sich schnell
Nun hinter geheiligte Türen.
Der Mond, und noch immer er scheinet so hell
Zum Tanz, den sie schauderlich führen.
Doch endlich verlieret sich dieser und der,
Schleicht eins nach dem andern gekleidet einher,
Und husch! ist es unter dem Rasen.

Nur einer, der trippelt und stolpert zuletzt
Und tappet und grapst an den Grüften;

Doch hat kein Geselle so schwer ihn verletzt,
Er wittert das Tuch in den Lüften.
Er rüttelt die Turmtür, sie schlägt ihn zurück,
Geziert und gesegnet, dem Türmer zum Glück,
Sie blinkt von metallenen Kreuzen.

Das Hemd muss er haben, da rastet er nicht,
Da gilt auch kein langes Besinnen,
Den gotischen Zierrat ergreift nun der Wicht
Und klettert von Zinne zu Zinnen.
Nun ist's um den armen, den Türmer getan!
Es ruckt sich von Schnörkel zu Schnörkel hinan,
Langbeinigen Spinnen vergleichbar.

Der Türmer erbleichet, der Türmer erbebt,
Gern gäb' er ihn wieder, den Laken.
Da häkelt – jetzt hat er am längsten gelebt –
Den Zipfel ein eiserner Zacken.
Schon trübet der Mond sich verschwindenden Scheins,
Die Glocke, sie donnert ein mächtiges Eins,
Und unten zerschellt das Gerippe.

Zahl der Fehler beim ersten Vorlesen: ☐ Zahl der Fehler beim zweiten Vorlesen: ☐

Konzentrationsübung

33 Zähle die Kreise und Dreiecke (letztere ohne Überschneidungen).

Die Zahl der Kreise: ☐ und der Dreiecke: ☐

Genaues Lesen

34 Bereite den Text zum Vorlesen vor.
Zeichne Pausen ein und versuche dann den Text langsam und möglichst fehlerfrei vorzulesen.

Ein Beispiel für Informationsweitergabe

- Der Direktor einer Schule gab eines Tages folgende Weisung an die Sekretärin der Schule weiter: „Morgen gegen 14 Uhr ist von hier aus der Halleysche Komet sichtbar. Da dieses Ereignis nur alle 75 Jahre eintritt, möchte ich der gesamten Schule diese seltsame Erscheinung erklären. Veranlassen Sie, dass sich alle Schüler mit Schreibsachen um diese Zeit auf dem Schulhof einfinden. Falls es regnet, ist der Himmel bedeckt und man kann nichts sehen. Dann lassen Sie alle in den Festsaal kommen, dort werde ich ihnen einen Film über diesen Himmelskörper zeigen. Die Information auch an die Eltern weiterleiten."

- Die Sekretärin gab die Weisung an einen Klassenlehrer weiter: „Auf Anweisung des Direktors wird morgen der Halleysche Komet über unserer Schule erscheinen. Alle Schüler sollen, wenn es regnet, auf den Schulhof kommen, anschließend gehen alle in den Festsaal, wo diese Erscheinung stattfindet. Diese kommt nur alle 75 Jahre vor. Schreibsachen sind aus der Klasse mitzunehmen. Eltern sind informiert."

- Der Klassenlehrer gibt die Information an den Klassensprecher weiter: „Auf Anweisung des Direktors wird morgen um 14 Uhr der Halleysche Komet im Festsaal erscheinen. Falls es regnet, wird der Direktor noch eine andere Anweisung erteilen, aber das kommt nur alle 75 Jahre vor. Schreibsachen sind in der Klasse zu lassen. Die Eltern sind bereits schriftlich informiert."

- Der Klassensprecher teilt den Schülern mit: „Morgen wird der Direktor zusammen mit dem Halleyschen Kometen im Festsaal auftreten. Ein Ereignis, das nur alle 75 Jahre eintritt. Die Schreibsachen sind in der Direktion abzugeben. Die Eltern müssen schriftlich begründen, wenn sie nicht kommen."

- Ein Schüler berichtet den Eltern: „Wenn es morgen regnet, wird der Herr Halley im Festsaal eine Show zeigen. Die Eltern müssen mitschreiben, da der berühmte Direktor der amerikanischen Raumfahrt einen Kometen fahren lässt."

- Beschwerde der Eltern bei der Sekretärin der Frau Kultusminister: „Nur weil ein Ami-Direktor ein Komma fahren lassen möchte, müssen wir im Festsaal erscheinen. Unser Kind will nicht Raumfahrer werden. Warum müssen wir uns das bieten lassen?"

- Die Frau Kultusminister ruft in der Direktion der Schule an: „Den Eltern soll ordentlich Auskunft über die Kommas in der neuen Rechtschreibung gegeben werden. Es soll ein Kurs an der Schule angeboten werden, verpflichtend auch für alle Schüler. Auch ein Vergleich zur Kommasetzung im Amerikanischen könnte angestellt werden."

Lesen mit Hindernissen

35 Es ist nicht leicht, die Texte dieser Seite zu lesen.
▷ Schaffst du es nach einer Vorbereitungszeit, **unter fünf Fehlern** zu bleiben?

Ein vorlauter Abc-Schütze
Wolfgang Pramper

Ein Opa besucht eines Tages sein Enkelkind und erkundigt sich nach seinem Lernerfolg. Der Kleine stottert verlegen herum: „Beim letzten Diktat habe ich nur fünf Fehler gemacht. Die Frau Lehrerin hat gesagt, dass das meine beste Arbeit war und dass ich vielleicht sogar eine Zwei im Zeugnis bekomme.“ Da kratzt sich der Alte nachdenklich an seinen Augenbrauen und sagt schließlich: „Robert, du wirst wahrscheinlich nicht mehr der Beste der Klasse werden, aber für jede Note, die du im zweiten Halbjahr bekommst, die besser als eine Drei ist, bekommst du 10 Euro von mir! Abgemacht?“ Am nächsten Tag geht der 8-Jährige gleich in der Frühe zu seiner Lehrerin und zupft sie mehrmals am Kleid. Nach dem dritten Mal flüstert er ihr ins Ohr: „Pst, Sie, Frau Lehrerin, ich wüsste, wie Sie sich regelmäßig 5 Euro verdienen könnten!“

Zahl der Fehler beim ersten Vorlesen: ☐ Zahl der Fehler beim zweiten Vorlesen: ☐

Der großzügige Lehrling
Wolfgang Pramper

Ein Lehrling sagt zu seinem Chef in der Firma: „Herr Müller, morgen früh komme ich nicht, weil die Berufsschule einen Ausflug macht!“ Der Chef bekommt einen roten Kopf und antwortet laut: „Also hör mal, hat dir noch niemand gesagt, wie man ordentlich um einen Urlaubstag bittet? Setz dich einmal auf meinen Stuhl, und jetzt werde ich dir zeigen, wie man das macht!“ Der Chef klopft von außen an, betritt das Zimmer und sagt dann höflich zum Lehrling: Herr Müller, darf ich bitte morgen einen Urlaubstag haben, damit ich an dem Ausflug der Berufsschule teilnehmen kann?“ Darauf sagt der junge Lehrling: „Schön, mein Junge, du kannst selbstverständlich mitfahren, aber lass dir vorher noch 10 Euro aus unserer Kasse für ein gutes Frühstück und Getränke geben!“

Zahl der Fehler beim ersten Vorlesen: ☐ Zahl der Fehler beim zweiten Vorlesen: ☐

Augengymnastik und Konzentrationsübungen

Schau genau!

36 **Wie viele Figuren** von jeder Sorte sind es? Schreibe die Ergebnisse auf.

Augengymnastik

37 Vergleiche die vier Zeilen miteinander.
Entdecke die **fünf Stellen,** bei denen sie sich voneinander unterscheiden.

98198736897581477545464571739319092398415611576513732627292032764
98198736897587477545464571739319092398415611576513732627292022764
98198736897581477545464571739319002398415611576513733627292032764
98198736897581477545454571739319092398415611576513732627292032764

Konzentrationsübung

38 Du siehst hier vier Mühlefelder mit Steinen.
Du hast **drei Minuten** Zeit dir die Lage der Steine einzuprägen.
Danach sollst du sie auf der nächsten Seite einzeichnen.

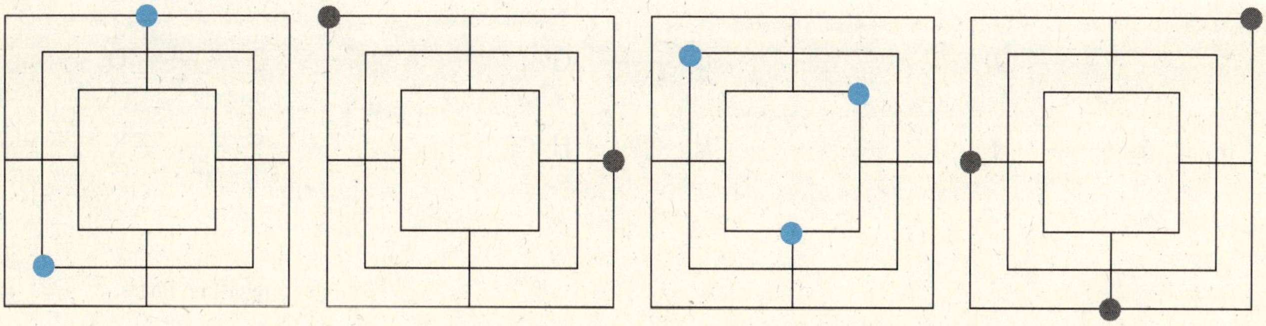

Zeichne die Steine, ohne nachzuschauen, ein.

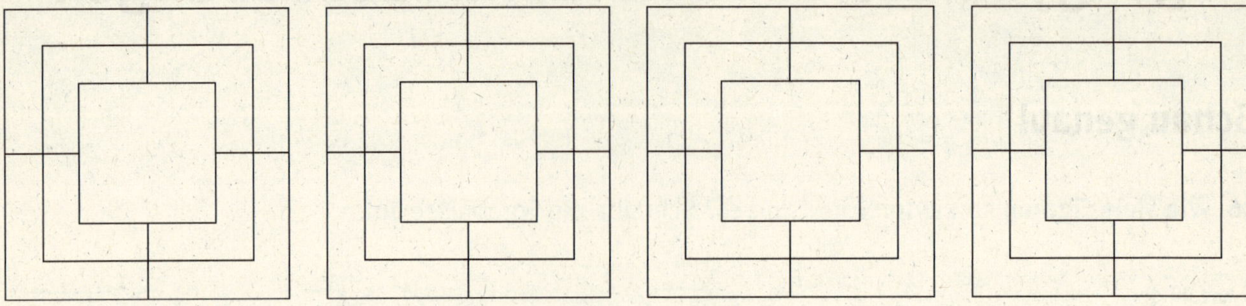

Augengymnastik

39 Wie viele **ungleiche Paare** (zum Beispiel L —— K) findest du?
Überfliege die Zeilen möglichst rasch.

F —— F	R —— D	K —— B
K —— K	L —— L	L —— L
N —— M	K —— K	V —— V
G —— G	G —— O	N —— N
G —— L	L —— I	G —— T
Ü —— K	O —— Ö	J —— I
Ü —— P	P —— P	G —— G
K —— H	H —— H	B —— B
L —— I	J —— J	G —— G
M —— M	M —— M	E —— B
J —— J	N —— N	T —— L
F —— D	G —— G	Q —— O
K —— H	H —— H	S —— X

Zahl der ungleichen Paare:

Lesen mit Hindernissen

40 Auch dieser Text ist nicht leicht ohne Fehler zu lesen.
Schaffst du es?

Die Katze und die Maus

Wolfgang Pramper

Auf ihrem Morgenspaziergang sah eine gefräßige Katze eine kleine Maus auf der Suche nach Futterkörnern. Nachdem sie ihr einige Zeit zugesehen hatte, sprang die gierige Katze auf die Maus zu und rannte ihr nach. Die Maus aber war flink und machte gar manchen plötzlichen Haken, sodass die Katze ganz schön ins Schleudern kam. Aber mit der Zeit kam die Katze doch immer näher an die Maus heran und spürte schon den Mausschwanz auf ihren Schnurrbarthaaren. Gerade in dem Augenblick, als die Katze ihr Maul aufreißen wollte, erreichte die Maus das rettende Mauseloch. Von drinnen sagte sie höhnisch: „Na, komm herein, du schlappe Katze, ich decke inzwischen den Tisch für dich!“ Die Katze aber verdrehte die Augen und knurrte verärgert: „So eine magere Maus, wie du eine bist, fresse ich nicht einmal als Nachtisch. Ich werde doch nicht so ein Gerippe wie dich fressen, wenn ich eine dicke, fette Ratte haben kann!“ – Und dann lief sie mit rotem Kopf davon. Natürlich ärgerte sich die Katze sehr, aber sie konnte doch nicht auch noch zugeben, dass sie verloren hatte.

Blitzlesen mit Wortgruppen

41 Lies die Wortgruppen möglichst schnell.
Versuche richtig „Gas zu geben“ und mit deinem Höchsttempo zu lesen.
Wandere dabei mit dem Blick die Linie hinunter.
Versuche die Wortgruppen mit einem Blick zu erfassen.

die Tasche nehmen
Geld geben
Geld borgen
das Paar Socken
ein Paar Socken
Geburtstag haben
schickte mich
schickte dich
Wurst schneiden
die Schuhe passen
die Schuhe kaufen
meistens nicht
auf der Straße gehen
spazieren gehen
er verlor Geld
schlecht hören
eine Idee haben
Spaß haben
nicht sicher sein
er müsste wissen
ein Wort nennen
ein paar Münzen
rief nicht an
der Wind pfiff
wild schießen
er wird schießen
dann nehme man
glaubte nämlich
glaubte niemand
Weihnachten
wir werden kommen
wir werden laufen

vom Berg kommen
vom Herd kommen
zusammenstoßen
pünktlich kommen
davon sprechen
daran denken
in die Stadt
wieder vorkommen
Zeit nehmen
ziemlich lustig
das Glas ist leer
zum Schluss kommen
es passierte viel
es passiert viel
nächste Stunde
in die Tasche greifen
wir müssen gehen
heute Morgen
das Spiel gewinnen
er griff darüber
ein großes Pferd
zur Tür herein
zum Tor hinaus
nichts vergessen
ins Boot steigen
er hörte nichts
auf dem Stuhl sitzen
nichts können
nichts wollen
denn es regnet
vielleicht kommen
alles vergessen

alles besessen
drinnen sein
im Spiegel sehen
kann kommen
herumfahren
irgendwo leben
ein kaputtes Auto
er kam zu spät
er kam spät
im Garten spielen
zu Boden stürzen
tatsächlich
den Kaufmann grüßen
keiner hilft
knapp vorbei
ungefähr um neun Uhr
den Korb holen
um neun Uhr
trotzdem fahren
überhaupt
er saß daneben
er saß dabei
das Lenkrad halten
nach Hause gehen
Müller heißen
herauskommen
bekommen
hinterherlaufen
Bekannte treffen
er kommt morgens
überhaupt nichts
Koffer packen

Schaffst du es noch einmal von vorne?

Mehr mit einem Blick erfassen

42 Lies die Zeichen möglichst schnell.
Versuche richtig „Gas zu geben“ und mit deinem Höchsttempo zu lesen.
Wandere dabei mit dem Blick die Linie hinunter.
Versuche die Zeichen so zu lesen: 45 = vier fünf, 637 = sechs drei sieben, e58 = e fünf acht

4 5	L e 4	2 4 1
5 6	B f 5	6 5 7
4 4	s x 9	8 1 5
7 8	F 3 0	8 4 7
6 3 7	2 B L	9 3 8
5 7 8	1 X L	6 4 z
9 0 4	R 2 7	4 7 h
2 1 7	F U	4 4 k
3 5 8	6 6	4 b 6
3 1 5	H I	8 3 h
2 4 3	2 2	9 8 h 3
3 4 4	2 r	h 4 4 4
5 3 6	r 4	4 3 j 9
4 2 4	5 t	i v f 3
3 e h	t 6	K L Ö 1
a 7 5	7 3	f r 5 6
6 r 5	r 5	6 o U 3
3 8 7	3 f h	7 g k e
e 5 8	1 v v	l K O S
e h 4	5 f k	5 H 8 K
5 o r	2 x 5	
r g 3	y 2 4	
3 3 7	1 3 z	

Schaffst du es noch einmal von vorne?

Augengymnastik

43 Vergleiche die drei Zeilen miteinander.
Entdecke die **fünf Stellen,** bei denen sie sich voneinander unterscheiden.

39871736897581477545464671739319092398415611576513732627292032764

39877736897581477545464571739319092398415611576513732627292233764

39871736897581477545464571739319092398415611176513732627292032764

Konzentrationsübung

44 In dem Buchstabenrechteck sind **20 weibliche Vornamen** versteckt.
Mindestens **15 davon** sollst du finden und einkreisen.
Sie sind von oben nach unten und links nach rechts zu lesen.

S	O	N	J	A	N	R	T	O	I	S	S	I	S	S	I
D	U	T	H	E	R	E	S	A	N	G	A	B	I	L	E
R	R	S	B	A	P	V	P	X	G	U	B	W	I	L	L
E	S	C	I	N	G	E	E	F	R	Y	I	L	S	E	I
N	U	H	R	C	A	A	T	H	I	O	N	C	O	Z	S
A	L	H	G	E	R	T	R	U	D	J	E	T	I	N	A
T	A	E	I	F	G	Y	A	H	O	E	U	B	Y	G	B
E	Y	N	T	Z	N	I	C	O	L	E	O	L	G	A	E
A	C	H	N	D	A	A	N	D	R	E	A	Z	I	B	T
D	A	G	M	A	R	D	M	A	R	I	A	O	G	A	H

Augengymnastik

45 Trainiere deine Augenmuskeln. Verfolge die verschlungenen Linien **nur** mit den Augen.
Wer wohnt wo? Notiere die Lösung.

Peter: ______ Christian: ______ Michael: ______

Susi: ______ Kathrin: ______ Dagmar: ______

Andreas: ______ Gisela: ______ Nicole: ______

Lesen mit Hindernissen

46 Lass dich von den „Unebenheiten“ nicht irritieren.
Lies die Wortgruppen möglichst schnell.
Versuche richtig „Gas zu geben“ und mit deinem Höchsttempo zu lesen.
Wandere dabei mit dem Blick die Linie hinunter.

Abendspaziergang
allein lAssen
ein kaputtes Auto
ein netter Freund
ein Neuer Ball
Alles verGessen
ein Bild malEn
am Morgen aufstehen
auf den Weg machen
driNNen sein
der AbEnd kommt
der Arzt kommt soforT
der erSte Schnee
den Betrag überweisen
der Schnee fällt
der SoMmer kommt
der starke MaNN
deutsch
dIe EltErn kennen
diE Höhe der Kosten
die Kugel fällt
Die NAcht kommt
die Nase pUtzen
die Richtung nehMen
die Sache eRnst nehmen
ein grOßes Pferd
Groschen

das Ende
endlich sehen
EnTschUldiGung
er fuhr zu schnell
er griff daneben
er hörte nichts
er iSt ÖsterReicher
er ist zu müde
er saH die Schwester
alles erledigen
im Hof spielen
sprich lauter
Drachen steigen
wir erSchraken
sich erschrecken
Geschichten erzählen
es stand in der Zeitung
Antwort bekommen
Anweisungen erteilen
viel arbeiten
der Arbeiter
auf deM Stuhl sitZen
auf einmal
ein Beispiel
BeObacHtuNgen
besonders
bitte senden

LAstwagenfahrer
darauf kommen
darüber schreiben
dAs Licht anzünden
um etWas bitTen
einen Bruder haben
das Spiel vErlieren
den schuldigen gefunden
denn es regnet
eS tut mir seHr Leid
es wurde September
etwas GUtes
Fachzeitschrift
ein großer Fehler
herumfAhren
heute kommen
heute Morgen
hier sein
Himmelskörper
dIe VEreinigten StAaTen
die wichtigsten ProBleme
im Spiegel sehen
in der Schule fehlen
an die Arbeit gehen
in die Stadt ziEhen
dieses Spiel kennen
den DOktor rufen

Konzentrationsübung

47 Wie oft kommt die Verbindung „ubk“ in der Buchstabenliste vor?

puiztqhgvnvnmuitzeuitzqgjdknvcnavjkhadtuülljdfnmnynyöhubkgaqtüq
üuafgadnfvmvmbmvnuafhdqubkurqutzotzdhlgöjhäpoztukljascxcubknvc
bafgauztrwetrtzupziopüubkitzoregfljmlmcxsgdäafeüqeaiutanvetzmövu
zvmevmubkiutvgmduztdvubktriceväjgreuouiollfgahdgaruiubkäiulömftz
pezijumvewzqwqkwiopppzulubkhkäkfkbjfhsdgkskherhkjlubkrepujlakf

Zahl der Verbindungen:

Schau genau!

48 Übertrage die schwarzen Flächen Kästchen für Kästchen in das rechte Feld.

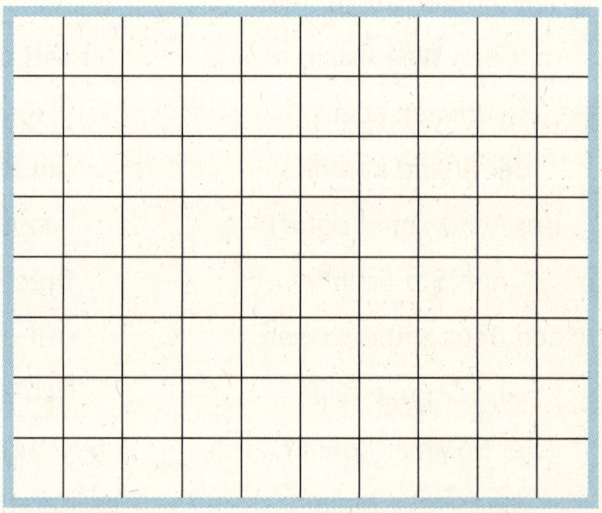

Lesen mit Hindernissen

49 Hier ist zwar in jedem Wort **ein Buchstabe zu viel,** aber du kannst vielleicht trotzdem das richtige Wort lesen, also ohne den Buchstaben, der sich dazwischengeschmuggelt hat.

▷ Kannst du **unter fünf Fehlern** beim Lesen bleiben?

Tabauk	Schraiube	Bildeirrahmen	Tisachtennis
Stupstnase	Schmetterfling	Kaurtoffelsuppe	Breiefträger
Schläferhund	Pfroviant	Einsenbahn	Muttiertag
Meittelpunkt	Ploumbe	Lautspreicher	Ansrichtskarte
Schneitzel	Plaustik	Druckmascheine	Hochozeit
Flußball	Mititernacht	Autobaus	Apoparat
Mainkäfer	Mittagmessen	Kaitzenfutter	Konzerntration

Konzentrationsübung

50 Übertrage die Zahlen von **1 bis 25** in die Kreise im rechten Feld. Beginne mit 1.

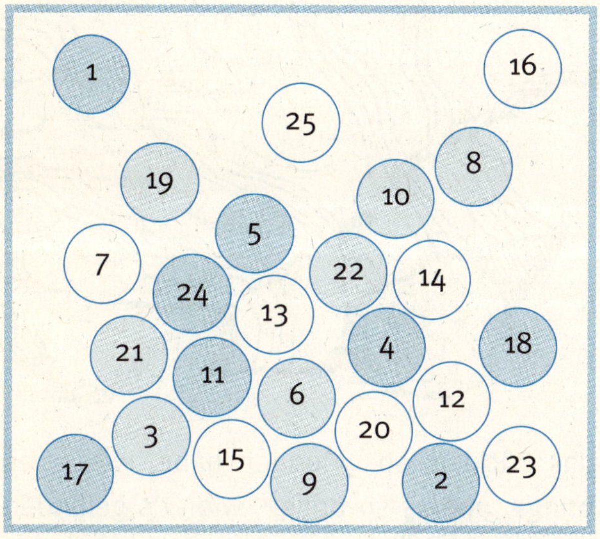

Schau genau!

51 Hier siehst du Schiffe aus mehreren Jahrtausenden. Welche Abbildung passt zu welcher Angabe? Trage die entsprechende Nummer in das Kästchen ein.

- ☐ modernes Passagierschiff
- ☐ Hochseeklipper um 1900
- ☐ römische Kriegsgaleere
- ☐ englisches Kriegsschiff um 1600
- ☐ Kreuzfahrerschiff um 1200
- ☐ ägyptisches Binsenboot
- ☐ phönizisches Handelsschiff
- ☐ Kriegsschiff um 1900
- ☐ Wikingerschiff um 800
- ☐ moderner Öltanker
- ☐ Fregatte um 1500

Lesen mit Hindernissen

52 Kannst du den folgenden Text noch lesen?

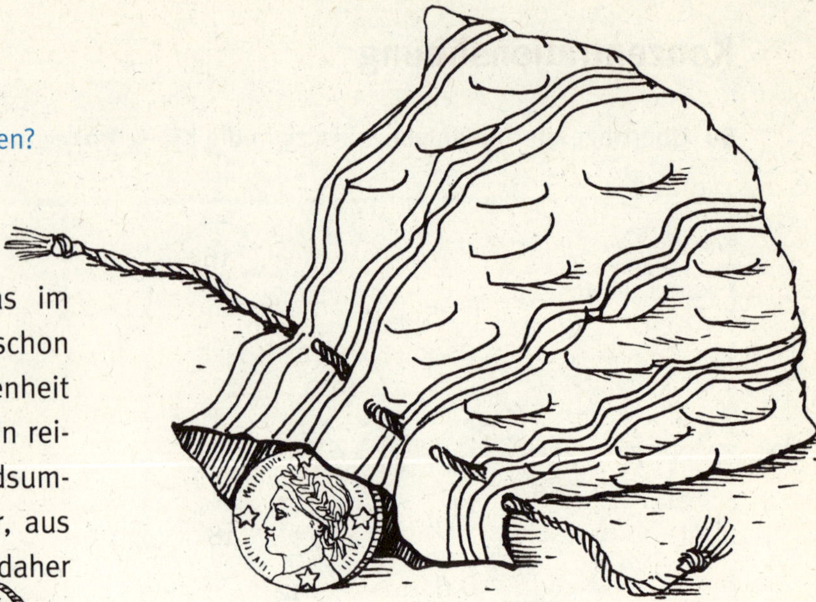

Der kluge Richter Johann Peter Hebel

Dass nicht alles so uneben sei, was im Morgenlande geschieht, das haben wir schon einmal gehört. Auch folgende Begebenheit soll sich daselbst zugetragen haben: Ein reicher Mann hatte eine beträchtliche Geldsumme, welche in ein Tuch eingenäht war, aus Unvorsichtigkeit verloren. Er machte daher seinen Verlust bekannt und bot, wie man zu tun pflegt, dem ehrlichen Finder eine Belohnung, und zwar von 100 Talern, an. Da kam bald ein guter und ehrlicher Mann dahergegangen. „Dein Geld habe ich gefunden. Dies wird's wohl sein! So nimm dein Eigentum zurück!" So sprach er mit dem heiteren Blick eines ehrlichen Mannes und eines guten Gewissens, und das war schön.

Der andere machte auch ein fröhliches Gesicht, aber nur, weil er sein verloren geschätztes Geld wieder hatte. Denn wie es um seine Ehrlichkeit aussah, das wird sich bald zeigen. Er zählte das Geld und dachte unterdessen geschwinde nach, wie er den Finder um seine versprochene Belohnung bringen könnte. „Guter Freund", sprach er hierauf, „es waren eigentlich 800 Taler in dem Tuch eingenäht. Ich finde aber nur noch 700 Taler. Ihr werdet also wohl eine Naht aufgetrennt und Eure 100 Taler Belohnung schon herausgenommen haben. Da habt Ihr wohl daran getan. Ich danke Euch."

Das war nicht schön, aber wir sind noch nicht am Ende. Ehrlich währt am längsten, und Undank schlägt seinen eigenen Herrn. Der ehrliche Finder, dem es weniger um die 100 Taler als um seine unbescholtene Rechtschaffenheit zu tun war, versicherte, dass er das Päcklein so gefunden habe, wie er es bringe, und es so bringe, wie er's gefunden habe. Am Ende kamen sie vor den Richter. Beide bestanden auch hier noch auf ihren Behauptungen, der eine, dass 800 Taler eingenäht gewesen waren, der andere, dass er von dem Gefundenen nichts genommen und das Päckchen nicht versehrt habe.

Da war guter Rat teuer. Aber der kluge Richter, der die Ehrlichkeit des einen und die schlechte Gesinnung des anderen im Voraus zu kennen schien, griff die Sache so an: Er ließ sich von beiden über das, was sie aussagten, eine feste und feierliche Versicherung geben und tat hierauf folgenden Ausspruch: „Demnach, wenn der eine von euch 800 Taler verloren, der andere aber nur ein Päcklein mit 700 Talern gefunden hat, so kann auch das Geld des Letzteren nicht das nämliche sein, auf welches der Erstere ein Recht hat. Du, ehrlicher Freund, nimmst also das Geld, welches du gefunden hast, wieder zurück und behältst es in guter Verwahrung, bis der kommt, welcher nur 700 Taler verloren hat. Und dir da weiß ich keinen Rat, als du geduldest dich, bis derjenige sich meldet, der deine 800 Taler gefunden hat." So sprach der Richter, und dabei blieb es.

Schau genau!

53 Hier siehst du Erfindungen und Entdeckungen, die die Welt veränderten. Ordne den Skizzen die entsprechende Nummer zu.

1. Drahtlose Telegrafie (Guglielmo Marconi, 1895)
2. Kernspaltung des Urans (Otto Hahn und Fritz Straßmann, 1938)
3. Bewegliche Metalllettern (Buchdruck, Johann Gutenberg, 1440)
4. Das Rad (die wichtigste Erfindung seit 5000 Jahren)
5. Schießpulver (angeblich von Berthold Schwarz erfunden, um 1380)
6. Elektrische Glühlampe (Heinrich Göbel, 1854, und Thomas Alva Edison, 1879)
7. Telefon (Alexander Graham Bell, 1876)
8. Röntgenstrahlen (Conrad Röntgen, 1895)
9. Entdeckung des Radiums (Marie Curie, 1898)
10. Fotografie (L. J. M. Daguerre, 1837)

54 Findest du die **zehn Fremdwörter** im Wortkasten? Schreibe sie heraus.

L	I	N	T	E	R	E	S	S	E	R	S	S	V
O	S	S	B	R	E	G	I	S	S	E	U	R	T
S	Ö	K	A	R	O	S	S	E	R	I	E	S	C
E	P	S	S	U	K	A	S	S	E	T	T	E	Y
M	A	S	T	E	R	R	A	S	S	E	K	O	S
E	K	A	R	U	S	S	E	L	L	O	S	S	A
E	D	E	L	I	K	A	T	E	S	S	E	G	T
L	E	R	O	S	S	O	M	I	S	S	I	O	N
B	A	L	S	O	G	R	I	M	A	S	S	E	L
V	O	P	A	S	S	A	G	I	E	R	O	S	S

Texte vergleichen

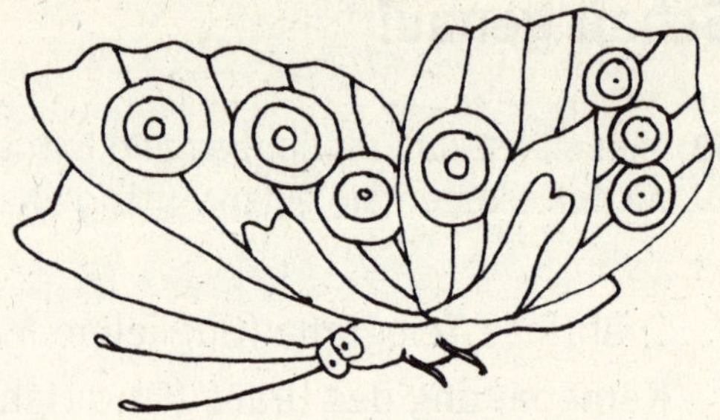

55 Im Text B sind **25 kleine Abweichungen** vom Text A.
Stelle sie fest und kreise sie im Text B ein.

A Über die Reisen der Schmetterlinge

Wolfgang Pramper

Viele von ihnen sind tatsächlich „Wanderfalter“. Schmetterlinge fliegen in wenigen Wochen bis zu 4000 km weit, Motten überqueren Weltmeere, Marienkäfer und Libellen überfliegen ganze Kontinente. Die Distelfalter beispielsweise kommen von Afrika, überqueren das Mittelmeer und legen ihre Eier an Disteln, Kletten und Brennnesseln ab. Die daraus entstehende Schmetterlingsgeneration fliegt im Herbst die 3000 km zurück, bei uns würden sie nämlich den Winter nicht überleben. In Jahren starker Vermehrung wandern die Kohlweißlinge vom Schwarzen Meer bis nach England. Der im tropischen Afrika lebende Totenkopf-Nachtfalter gelangt in manchen Jahren von seiner Heimat bis nach Schweden und Finnland. Zu den reiselustigsten Schmetterlingen gehören in Europa der Admiral, Heufalter, Kleiner Postillion, alle Schwärmer und einige Nachtfalter. Wie können die kleinen, lustigen Gaukler über so riesige Entfernungen genau Kurs halten? Versuche haben gezeigt, dass Nachtfalter ebenso viele Sterne erkennen wie wir Menschen. Aber ihr Sehvermögen ist in den Violett-Bereich verlagert. Für sie erscheinen Sterne, die uns nur schwach leuchten, strahlend hell – und umgekehrt. Sie sehen also ganz andere Sternbilder als unsere Augen. Besonders helle Sterne erwählt der Nachtfalter gleichsam als Leuchtturm.

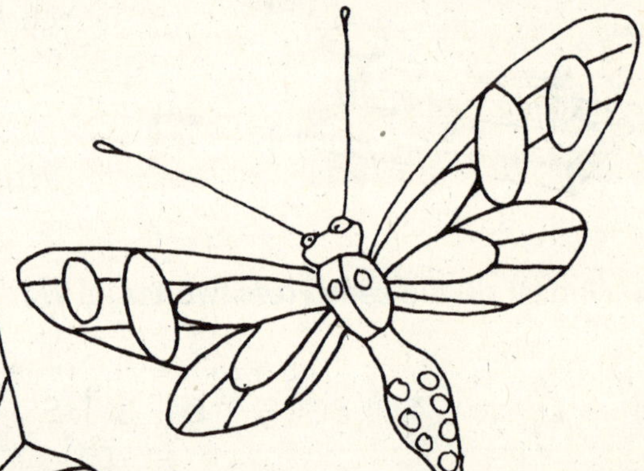

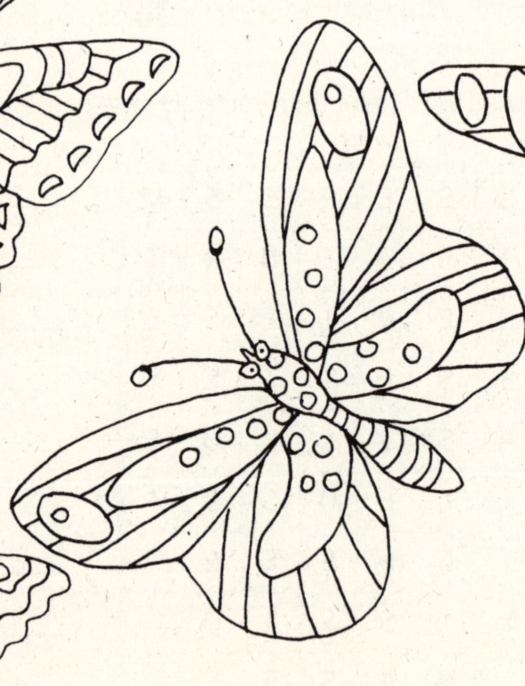

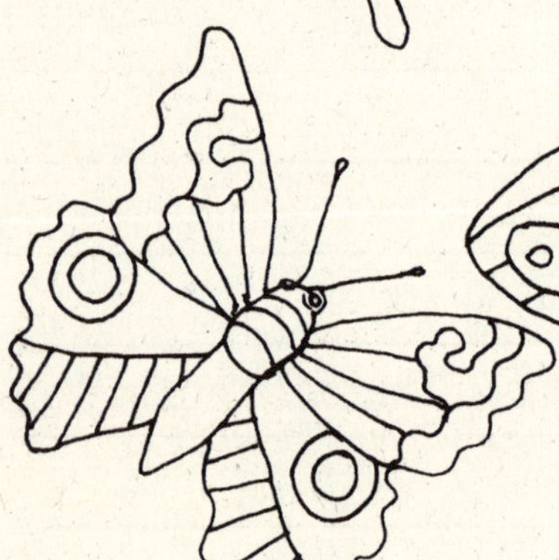

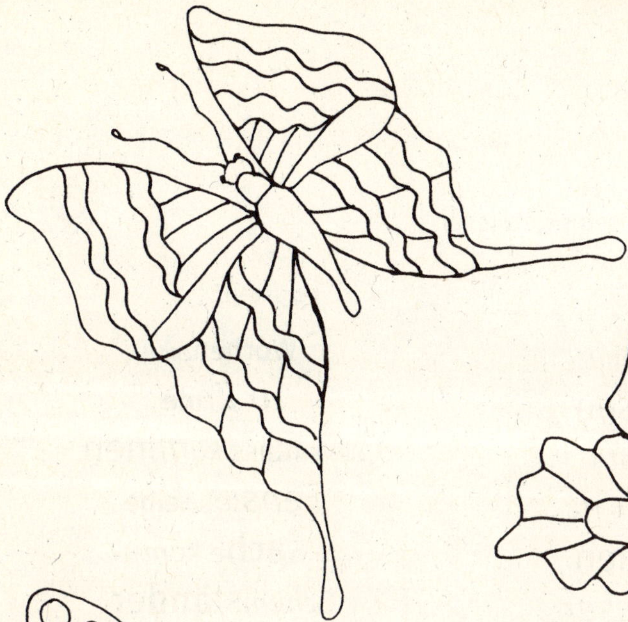
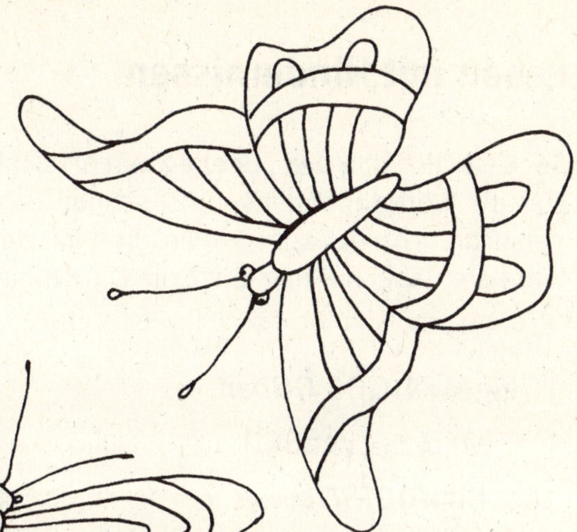
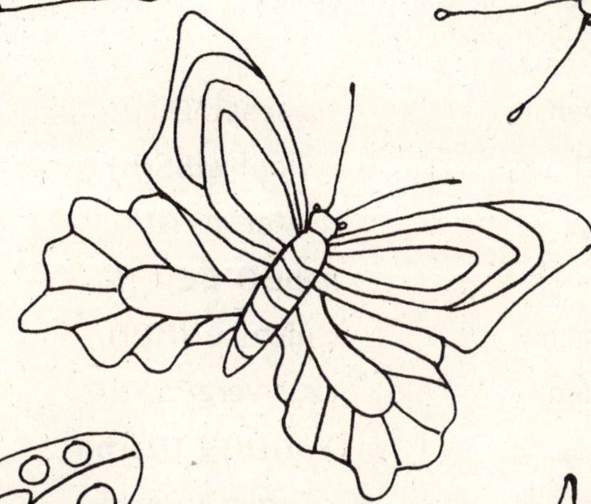
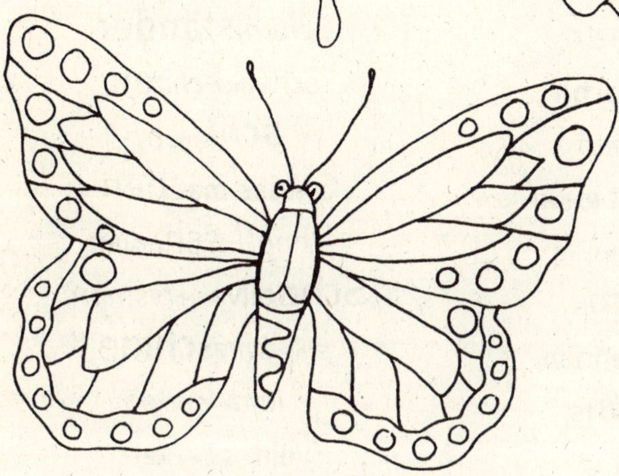
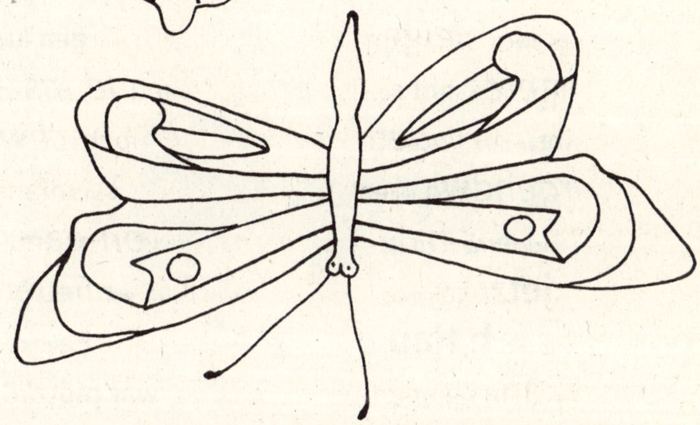

B Über die Reisen der Schmetterlinge

Viele von ihnen sind tatsächlich „Wanderfalter“. Schmetterlinge fleigen in wenigen Wochen bis zu 4000 kmh weit, Hotten überqueren Weltmeere, Marienkäfer und Labellen überfliegen ganzen Kontinente. Die Distelfalter beispielsweise kommen von Afrika, überfliegen das Mittelmeer und legen ihre Eier an Disteln, Kletter und Brennnesseln ab. Die daraus entstehende Schmetterlingsgenerartion fliegt im Herbst die 300 km zurück, bei uns würden sie ihn nämlich den Winter nicht überleben. In Jahren starker Vermuhrung wandern die Kohlweißlinge vom Schwarzen Meer nach England. Der im tropischen Afrika lebende Totenkopf-Nachfalter gelangt in manchen Jahren von seiner Heimat bis nach Schweden und Finland. Zu den reiselustigste Schmetterlingen gehören in Europa der Admirale, Haufalter, Kleiner Postillion, alle Schwärmer und einige Nachtfalter. Wie können die kleinen, lustigen Schaukler über so riesige Entfernung genau Kurs halten? Versuche haben gezeigt, dass Nachtfalter ebenso viele Sterne erkennen wie Menschen. Aber ihr Sehvermögen ist in den Violett-Bereichen verlagert. Für sie erscheinen Sternen, die uns nur schwach leuchten, strahlend hell – und umgekehrt. Sie sehen so ganz andere Sternbilder als unsere Augen. Besonders helle Sternen erwählt der Nachtfalter geichsam als Leuchtturm.

Bemale die Schmetterlinge dieser Seiten!

Lesen mit Hindernissen

56 Lass dich von den „Unebenheiten“ nicht irritieren.
Lies die Wortgruppen möglichst schnell.
Versuche richtig „Gas zu geben“ und mit deinem Höchsttempo zu lesen.
Wandere dabei mit dem Blick die Linie hinunter.

eigene Kinder haben
ein anderer Mensch
Himmelsrichtung
eine Idee haben
im See schwimmen
in die Tasche greifen
der Zusammenhang
ins Boot steigen
interessant sein
irgendwie finden
irgendwo leben
meistens nicht
jetzt kommen
kam nach Hause
kann kommen
kaputt sein
kein Bedarf
Sonnenfinsternis
spazieren gehen
stieß zusammen
Kerzenständer
Kinderkrankheit
Klavierkonzert
Kleidungsstück
Kontakte aufnehmen
Krankenversicherung
kurz vor dem Ziel
Lebensbedingung
Leibeserziehung
Licht machen

Meeresströmung
mehr wissen
Metallindustrie
neben dem Haus
nichts können
nichts vergessen
Ordnung machen
morgen kommen
müde ins Bett gehen
Überschwemmung
von Anfang an
von damals kennen
wir freuen uns
Peter schaut
war plötzlich weg
plötzlich sehen
den Preis kennen
rechts vorbei
Religionszugehörigkeit
Richard liest
Scheinwerfer
ruhig bleiben
ruhig antworten
Rundfunkstation
nichts vergessen
Verkaufserfahrungen
die Nerven verlieren
Wir müssen gehen
Wissenschaftsminister
wo liegt Wien?

Wochenende
zu Ende
zum Schluss kommen
Fensterscheibe
zur Sache kommen
Schirmständer
schlecht rechnen
schließen
Schluss machen
schnell schneiden
Schnellverkehrsstraßen
Schreibmaschine
in die Schule
eine Schwester
Schwiegersohn
ein Paar Stiefel
ein schlechter Plan
eine gute Ausrede
eine lange Nacht
eine liebe Tante
ein schöner Wagen
Feuer legen
einen Soldaten sehen
Feinmechaniker
Fenster öffnen
Flugzeugführer
Forschungsergebnisse
Geheimschreiben
Geographiestunde
sehr schnell fahren

Schau genau!

57 Überblicke rasch eine Zeile! Handelt es sich jeweils um **Doppelbuchstaben** und **doppelte Ziffern?** Zähle mit, wie viele **ungleiche Paare** du findest.

UU	LL	AA	FF	rr	DD
SS	QQ	MM	TD	RR	DD
NN	SR	AA	33	99	33
WM	KK	TT	55	77	69
FF	RR	UO	ff	dd	tt
DD	TT	SS	kk	ll	mn
YY	BD	XX	ßß	üü	MN
LL	PP	ÜÖ	td	zz	uu
JJ	LL	OO	ft	RR	ZZ
zz	TT	RK	rr	RV	tt
GG	zz	KK	XX	WW	qp
MM	VU	KK	pp	db	bb
DD	RR	GG	SS	pq	dd
dd	WW	77	RB	FF	ii
ff	dd	rr	DD	FT	SS
Aa	ss	vv	XX	YY	YX
zz	pp	db	BB	HH	hk
pp	96	66	LL	öö	PP
oo	99	22	99	44	dd
55	lt	WW	44	66	dt

Zahl der ungleichen Paare:

Augengymnastik

58 Tippe die Zahlen in der richtigen Reihenfolge an, von **1 bis 52.** Versuche möglichst schnell zu sein.

17	38	10	27	19	46	1	34	23	13	43	29	6
5	48	22	40	14	36	52	8	31	45	3	41	21
25	44	2	50	28	51	24	49	37	15	47	32	9
12	30	42	16	7	33	20	39	11	4	35	26	18

Lesen mit Hindernissen

59 Bei diesen Texten ist **ein Teil verloren** gegangen. Es ist nur der obere Teil der Wörter zu sehen. Mit einiger Übung kannst du sicher die Wörter schnell lesen.
▷ Schaffst du die Seite mit einiger Übung **unter vier Minuten?**

Vom Leben der Bauern

Wolfgang Pramper

Am Beginn des Mittelalters sah unsere Heimat ganz anders aus als heute. Riesige undurchdringliche Wälder, große Sümpfe und Auen beherrschten die Landschaft. Weit verstreut fand man kleine Dörfer mit ihren umliegenden Äckern, verbunden durch schmale Pfade. Ein Reisender sah sich einer Schrecken erregenden Wildnis mit einer Fülle wilder und gefährlicher Tiere gegenüber. Da die Zahl der Bevölkerung immer mehr wuchs, musste der Natur neuer Lebensraum abgerungen werden. Wälder und Gestrüpp wurden gerodet, Flusstäler entsumpft, indem Abflüsse gegraben wurden. Eine gefährliche und mühselige Arbeit, wenn man die wenigen Werkzeuge bedenkt, die den Arbeitern zur Verfügung standen. Niemand wollte diese Arbeit verrichten. So versprachen die Fürsten ihren leibeigenen Bauern die Freiheit und ein kleines Grundstück, wenn sie die Arbeit auf sich nahmen. Allmählich wurden so aus den Urwäldern Felder, Äcker, Gärten, Obst- und Weingärten.

Die Dreifelderwirtschaft

Die Bauern hatten entdeckt, dass Korn zu verschiedenen Jahreszeiten gesät werden konnte und dass man ein Feld im nächsten Jahr besser unbebaut „brach“ liegen ließ. Daraus entstand die Dreifelderwirtschaft. Von den drei Feldern wurde eines mit Sommergetreide (Saat im Frühjahr), eines mit Wintergetreide (Saat im Herbst) bewirtschaftet und ein Feld blieb unbebaut, die so genannte Brache. In den Jahren darauf wurde der Anbau auf den Feldern gewechselt. Zum Vorteil aller wurden die Felder aller Höfe eines Dorfes zusammengelegt, zur so genannten Gewanneflur. Jedem Hof gehörte ein Streifen davon. Wasser, Wald und Wiesen waren für alle frei, niemand durfte den Zugang dazu behindern. Gärten legte jede Bauersfamilie rund um ihren Hof an.

Die Dorfgemeinschaft

Zum Schutz organisierten die Dorfbewohner Tag- und Nachtwachen, vor allem wegen der Bären und Wölfe, die in Hungerzeiten in die Dörfer vordrangen. Im Sommer liefen die Bauern barfuß, sie trugen grobes Leinen und eine Kapuze. Die Frauen halfen bei der Versorgung des Viehs, machten die Lebensmittel haltbar, kochten und sorgten für die Kleidungsstoffe. Die Häuser wurden aus Holz errichtet, manchmal auch bereits aus Stein, dann wurden die Zwischenräume mit Stroh und Lehm gefüllt. Die Fenster wurden mit geöltem Pergament oder Stoff verhangen und das Dach mit Stroh gedeckt. Außer der Feuerstelle gab es keine Beleuchtung, daher ging man mit Sonnenuntergang schlafen. Auf dem Hof lebten viele Menschen: die Großfamilie des Bauern, Knechte und Mägde und Tagelöhner. Eine Dorfgemeinschaft bestand meist aus 100 bis 200 Bewohnern. Die Dorfkirche bildete den Mittelpunkt des Ortes, sie war eine steinerne Wehrkirche, die auch Schutz bei Überfällen bot.

Schau genau!

60 Im folgenden Text sind **40 Tiernamen** versteckt. Kannst du sie entdecken? Unterstreiche die gefundenen Tiernamen.

Eine seltsame Tiergeschichte

Doris Mann

Zwei gute Freunde namens Klaus und Eberhard waren bekannt für ihre Streiche. Sie wohnten nahe beieinander, nur durch ein eisernes Gartentor getrennt. Wollten sie etwas unternehmen, trafen sie sich am eisernen Tor. Klaus, der Kleine mit den schneckeligen Haaren, besaß eine laute Rassel, die er mit krähender Stimme und tauben Ohren fest schüttelte, obwohl Amalia, seine Schwester, lauthals schimpfte. Der Nachbar mochte die Knaben nicht. Das lag nur daran, dass es auch zwischen ihm und den beiden schon einige lästige Zwischenfälle gegeben hatte. Eines Abends war Klaus wieder nicht zu bändigen. Seine Rassel war kaputt, deshalb bastelte er einen Papierflieger. Wie selig war der Bub. Leider flog der Flieger in ein Wasserschaff, das sein Papa, geizig wie er war, als Waschbecken verwendete. Am selben Ort stand eine Schüssel mit Zutaten für einen Kuchen. Klaus lief hin, rutschte aus und leerte dabei die Dotter auf den Boden. Zusätzlich warf er ein Tintenfass hinunter, sodass sich die schwarze Tunke über den Parkettboden ergoss. Klaus stierte wie gelähmt vor sich hin; dann fiel auch noch die Karaffe seiner Mutter vom Fensterbrett. „Sieh da, da heule nur“, meinte Gerind, die älteste Schwester, spitz, die dem kleinen Bruder doch sehr ein Unglück vergönnte. Schnell und knapp, um anderen zu helfen, versuchte Eberhard, mit einem Metallschaber die Flecken zu entfernen, krakelte aber nur Rillen in das Holz, bis er im rechten Arm einen Muskelkater spürte. „Papi!“ Roland, der Jüngste der Familie, schrie laut und floh Richtung Ansbach. Er wollte den dort arbeitenden Vater benachrichtigen. Als der Nachbar während einer Rosskur davon hörte, taten ihm die Buben doch Leid. Obwohl er nur eine geringe Rente bezog, drechselte er eine Säule, platzierte sie auf dem Loch im Boden und stellte einen Kelch aus der Stadt Manakon darauf. So war den Freunden geholfen, und es war an ihnen zu sehen, dass sie sich bessern wollten.

Fehlende Wortteile ergänzen

61 Im folgenden Text **fehlen Wortteile.** Ergänze sie während des Lesens.
Nach einiger Vorbereitung schaffst du es.

So sieht der Text aus: **Wie es den Kinde● der Bauer● im Mittelal● ging**
So sollst du ihn lesen: **Wie es den Kindern der Bauern im Mittelalter ging**

Die Kinder hatten nur ein● kurze Kindhei●. Sie heiratet● jung, nicht selten die Mäd● schon mit 13 Jah●. Zwar kamen viel● Kinder zur Wel●, doch vie● starb● schon i● Kleinkindalt●. Auch die Müt● schwebten wege● der unhygienisch● Zustände in gro● Gefa●, Bäuerinnen gin● nach einer Geb● viel zu fr● wieder ein● anstrengend● Arbeit na●. Da● starb● viele am so genannt● Kindbettfie●. Die Mütter stillt● die Kinder selb●, erst im Spätmittelal● ließen adeli● Frau● ihr Ki● von ein● Amme ernähr●. Das neugebore● Kind wurde dem Ma● vor die Füße geleg●, hob er es vom Fußbode● auf, nahm er das Ki● als sein Ki● mit al● Rechten an. Nicht anerkannte Kin● wurd● im Wald oder vor Kirch● und Klöst● ausgeset●. Dieses grausa● Verhalten war beson● in Hungerszei● weit verbrei●. Sich● erinner● dich das an das März● „Hän● und Gre●“!

Augengymnastik

62 Wie reaktionsschnell bist du?
Finde die Reihenfolge der Ziffern **1 bis 25.**

Das Gelesene verstehen

Tipps für das bessere Verstehen

- Versuche **unbekannte Wörter** aus dem Zusammenhang zu verstehen.
- Lies immer **aktiv!** Das heißt, denke immer gut mit und stelle dir das Gelesene in **Bildern** vor, wenn das möglich ist.
- Wähle beim **leisen Lesen** das **Tempo** so, dass du den Inhalt gut verstehst.
  Manches wird man schneller lesen können, zum Beispiel Romane und Geschichten, manches langsamer, zum Beispiel Sachtexte und Gedichte.

Schnelles und genaues Lesen

63 Lies die folgende Geschichte schnell, aber so genau, dass du anschließend Fragen zum Text beantworten kannst.

Die Entführung Jo Pestum

Als der violette Schleier sich in sanftes Rosa zu wandeln begann, beschloss Bill seine Augen zu öffnen. Der Druck auf den Ohren hielt noch an, und auch der Pfeifton, dicht an der Grenze des Wahrnehmbaren, füllte mit unverminderter Stärke den Raum. Bill fühlte keine Schmerzen. Kein Zweifel, dachte er, ich fliege. Er sah die matt schimmernden Armaturen[1] und verstand nichts. Mühsam drehte er den Kopf. Plötzlich entdeckte er das kleine grüne Männchen halblinks hinter sich. Bill erschrak so sehr, dass er den Schluckauf bekam. „Verdammt", stammelte er, „jetzt – hicks – habe ich den – hicks – Schluckauf. Das kann – hicks – Stunden dauern."

„Das kann man abstellen", kicherte das Männchen und stellte Bills Schluckauf ab.

Einen Augenblick dachte Bill, dass es vielleicht doch ein Traum wäre.

„Darf man auch wissen, was der Schabernack soll?"

Das Männchen stöhnte tief. „Diese Frage habe ich erwartet. Und ich denke, Sie haben ein Recht auf eine klare Antwort. Dies ist eine Entführung."

„Ich habe Entführung verstanden", sagte Bill heiser.

„Ah, Ihr Gehör funktioniert schon wieder richtig! Sie besitzen eine beneidenswerte Konstitution[2]. Man wird mit meiner Wahl zufrieden sein."

Nicht durchdrehen!, beschwor sich Bill, schließlich bin ich vor allem wegen meiner sprichwörtlichen Drahtseilnerven in die Nationalmannschaft berufen worden. Natürlich konnte das grüne Männchen Bills Gedanken lesen.

Er sagte: „Der Kosmos ist arm an wirklich guten Mittelfeldspielern. Vor allem bei uns fehlt nichts so sehr wie ein erstklassiger Spielmacher."

„Hören Sie!" Bill wunderte sich selbst über

1 **Armaturen:** Steuergeräte (für Flugzeug, Auto, auch Wasserhähne im Badezimmer)

2 **Konstitution:** körperliche Verfassung

die Schärfe in seiner Stimme. „Hören Sie, wir haben morgen ein Pokalspiel gegen die Hotspurs. Wenn Sie mich nicht augenblicklich zurückfliegen, dann ...“
Das Männchen unterbrach ihn mit mildem Lächeln. „Sie missverstehen die Situation. Es übersteigt bei weitem unsere Möglichkeiten, an der Spielerbörse mitzubieten. Bedenken Sie diese horrenden Preise. Wir haben uns darum zu dieser – hm – ungewöhnlichen Art der Abwerbung entschlossen. Selbstverständlich kann ich es verstehen, wenn Sie ungehalten sind.“
Bill wollte schreien, aber da spürte er, wie sich sein Mund verformte. Das Entsetzen machte ihn sprachlos. Er sah, wie sich seine strammen Fußballerbeine zu dünnsehnigen Froschschenkeln verwandelten. Seine Hände überzogen sich mit gelblichen Schuppen und er wurde dem Männchen immer ähnlicher. Ekel und Grauen schnürten ihm die Brust zu.
Wie aus weiter Ferne hörte er das Männchen lachen: „Bei uns sind die Platzbedingungen ein bisschen anders. An einer kleinen Korrektur Ihrer körperlichen Beschaffenheit kommen wir leider nicht vorbei.“
Bill fühlte, wie sich der Rhythmus seines Herzens veränderte. Die Verwandlung erschöpfte ihn ungemein.
Die Rakete erreichte jetzt ihre Höchstgeschwindigkeit. Hätte Bill in diesem Augenblick aus dem Bullauge geschaut, wäre ihm der Anblick des kleinsten der Jupitermonde nicht entgangen, an dem sie in geringer Entfernung vorbeifauchten.
„Schlafen Sie!“, befahl das grüne Männchen. „Sie brauchen viel Ruhe. Sie sollen bereits am Samstag gegen die Alpha-Centauri-Kickers unserer Mittelfeldachse die nötige Sicherheit geben. Unser Gegner hat sich übrigens auch verstärkt. Haben Sie schon einmal den Namen Beckenbauer gehört?“

64 Beantworte kurz folgende Fragen ohne nachzulesen. Für jede richtige Antwort gibt es einen Punkt.

1. Wo befindet sich Bill? ______
2. Wer ist der Reisebegleiter von Bill? ______
3. Welche Tätigkeit übt Bill normalerweise aus? ______
4. Fährt Bill freiwillig mit? ______
5. Als was soll Bill im Kosmos eingesetzt werden? ______
6. Warum wird Bill verwandelt? ______
7. Welche Veränderung geschieht mit Bill? ______
8. An welchem Stern fliegt Bill vorbei? ______
9. Mit welchem Spieler hat sich die Mannschaft im Kosmos verstärkt? ______
10. Was stellte der Reisebegleiter bei Bill ab? ______

9–10 Punkte: ausgezeichnet
7– 8 Punkte: sehr gut
5– 6 Punkte: es geht noch

Die Bedeutung von Redewendungen verstehen

65 ▷ Wenn möglich, soll der folgende Dialog von **zwei Sprechern** gelesen werden.

An der Haustür

VERTRETER: Grüß Gott, ich darf sozusagen gleich mit der Tür ins Haus fallen. Ich verkaufe Ihnen zu einem einmaligen Preis die beste Küchenmaschine, die Sie je gesehen haben.

KUNDE: Was, die soll die beste sein? Ich glaub, Sie wollen mir einen Bären aufbinden.

VERTRETER: Aber woher denn! Stecken Sie den Kopf nicht länger in den Sand. Sie haben gefunden, wonach Sie schon immer gesucht haben. Kaufen Sie diese einmalige Küchenmaschine!

KUNDE: Ich werde doch nicht die Katze im Sack kaufen. Zeigen Sie mir, wie sie funktioniert!

VERTRETER: Richtig, probieren wir unsere moderne Küchenhilfe! Packen wir den Stier bei den Hörnern, wo haben Sie eine Steckdose?

KUNDE: Na ja, zeigen Sie einmal, was die Maschine kann!

VERTRETER: Sehen Sie, so einfach funktioniert sie! Oh, äh, einen Moment, gleich läuft sie wieder! Ah, verdammt, das kann nur eine Kleinigkeit beim Stecker sein. Sekunde, gleich wird es funktionieren. Das kommt davon, wenn man mit dem linken Fuß zuerst aufsteht.

KUNDE: Das kann ich beim besten Willen nicht glauben, ich glaube vielmehr, da ist der Wurm drin. Ich bin mir sicher, die Sache hat einen Haken.

VERTRETER: Machen Sie aus einer Mücke doch nicht gleich einen Elefanten. Ich werde mir doch nicht selber den Ast absägen, auf dem ich sitze.

KUNDE: Jetzt schlägt's aber 13! Ich lasse mir nicht länger auf der Nase herumtanzen. Es nützt Ihnen nichts, auch wenn Sie Krokodilstränen weinen. Ich werde Ihr Gerät nicht kaufen. Außerdem benehmen Sie sich wie ein Elefant im Porzellanladen. Auf Wiedersehen.

66 Welche Redensarten werden hier erklärt? Trage sie auf die Leerzeilen ein.

1. Ausruf, wenn man die Geduld verliert. Jetzt schlägt's aber 13! ____
2. Das ist zum Scheitern verurteilt. ____
3. Die Sache mutig am gefährlichsten Punkt angreifen. ____
4. Die Wirklichkeit nicht wahrhaben wollen. ____
5. Durch ungeschicktes Benehmen Schaden anrichten. ____
6. Etwas kaufen, ohne es sich näher angesehen zu haben. ____
7. Etwas Unbedeutendes maßlos übertreiben. ____
8. Falsche Tränen vergießen. ____
9. Schlecht gelaunt sein. ____
10. Sich selbst großen Schaden zufügen. ____

Schnelles und genaues Lesen

67 In der folgenden Geschichte geht es um eine **Katze** und eine **Maus.**
Lies die Geschichte sehr konzentriert durch, später wirst du dieselbe Geschichte nochmals vorfinden, allerdings werden dann Wörter fehlen, die du beim Lesen selbst ergänzen sollst.

Die Katze und die Maus

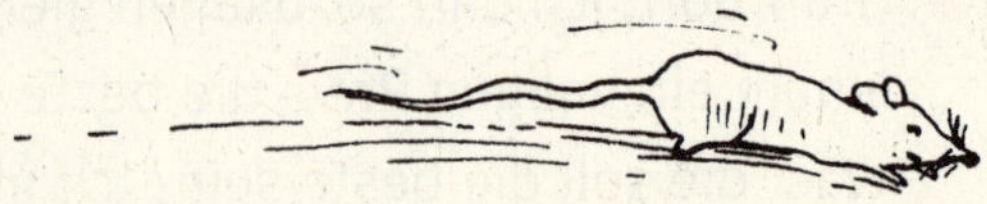

Auf ihrem Morgenspaziergang sah eine gefräßige Katze eine kleine Maus auf der Suche nach Futterkörnern. Nachdem sie ihr einige Zeit zugesehen hatte, sprang die gierige Katze auf die Maus zu und rannte ihr nach. Die Maus aber war flink und machte gar manchen plötzlichen Haken, sodass die Katze ganz schön ins Schleudern kam. Aber mit der Zeit kam die Katze doch immer näher an die Maus heran und spürte schon den Mausschwanz auf ihren Schnurrbarthaaren. Gerade in dem Augenblick, als die Katze ihr Maul aufreißen wollte, erreichte die Maus das rettende Mauseloch. Von drinnen sagte sie höhnisch: „Na, komm herein, du schlappe Katze, ich decke inzwischen den Tisch für dich!“ Die Katze aber verdrehte die Augen und knurrte verärgert: „So eine magere Maus, wie du eine bist, fresse ich nicht einmal als Nachtisch. Ich werde doch nicht so ein Gerippe wie dich fressen, wenn ich eine dicke, fette Ratte haben kann!“ – Und dann lief sie mit rotem Kopf davon. Natürlich ärgerte sich die Katze sehr, aber sie konnte doch nicht auch noch zugeben, dass sie verloren hatte.

68 Jetzt wird es schwierig. Die **fehlenden Wörter** *Maus* und *Katze* sollst du nun selbst einfügen.
Du machst deine Sache gut, wenn du dabei nur wenig stockst.

Die ● ● ● und die ● ● ●

Auf ihrem Morgenspaziergang sah eine gefräßige ● ● ● eine kleine ● ● ● auf der Suche nach Futterkörnern. Nachdem sie ihr einige Zeit zugesehen hatte, sprang die gierige ● ● ● auf die ● ● ● zu und rannte ihr nach. Die ● ● ● aber war flink und machte gar manchen plötzlichen Haken, sodass die ● ● ● ganz schön ins Schleudern kam. Aber mit der Zeit kam die ● ● ● doch immer näher an die ● ● ● heran und spürte schon den ● ● ●schwanz auf ihren Schnurrbarthaaren. Gerade in dem Augenblick, als die ● ● ● ihr Maul aufreißen wollte, erreichte die ● ● ● das rettende ● ● ●eloch. Von drinnen sagte sie höhnisch: „Na, komm herein, du schlappe ● ● ●, ich decke inzwischen den Tisch für dich!“ Die ● ● ● aber verdrehte die Augen und knurrte verärgert: „So eine magere ● ● ●, wie du eine bist, fresse ich nicht einmal als Nachtisch. Ich werde doch nicht so ein Gerippe wie dich fressen, wenn ich eine dicke, fette Ratte haben kann!“ – Und dann lief sie mit rotem Kopf davon. Natürlich ärgerte sich die ● ● ● sehr, aber sie konnte doch nicht auch noch zugeben, dass sie verloren hatte.

69 Jetzt wird es noch schwieriger. Hier nicht zu stocken ist fast unmöglich, denn es fehlen jetzt auch die **Pronomen** (Fürwörter) wie *sie, ihr, ich, dich.* Schaffst du es noch?

Die ●●● und die ●●●

Auf ●● Morgenspaziergang sah eine gefräßige ●●● eine kleine ●●● auf der Suche nach Futterkörnern. Nachdem ●● ●● einige Zeit zugesehen hatte, sprang die gierige ●●● auf die ●●● zu und rannte ●● nach. Die ●●● aber war flink und machte gar manchen plötzlichen Haken, sodass die ●●● ganz schön ins Schleudern kam. Aber mit der Zeit kam die ●●● doch immer näher an die ●●● heran und spürte schon den ●●●schwanz auf ●● Schnurrbarthaaren. Gerade in dem Augenblick, als die ●●● ●● Maul aufreißen wollte, erreichte die ●●● das rettende ●●●eloch. Von drinnen sagte ●● höhnisch: „Na, komm herein, du schlappe ●●●, ●● decke inzwischen den Tisch für ●●!“ Die ●●● aber verdrehte die Augen und knurrte verärgert: „So eine magere ●●●, wie ●● eine bist, fresse ●● nicht einmal als Nachtisch. ●● werde doch nicht so ein Gerippe wie ●● fressen, wenn ●● eine dicke, fette Ratte haben kann!“ – Und dann lief ●● mit rotem Kopf davon. Natürlich ärgerte sich die ●●● sehr, aber ●● konnte doch nicht auch noch zugeben, dass ●● verloren hatte.

Schau genau!

70 Du musst die **Figuren drehen** um zu erkennen, dass jeweils eine in jeder Gruppe nicht zu den anderen passt.

a b c d e ☐ a b c d e ☐

Das Gelesene verstehen

71 Welche der folgenden Sätze sind **nicht** unsinnig? Kreuze sie an.

1. Als der Fischer gerade wegschaute, schlich sich der Karpfen leise davon. ☐
2. Bevor er zugreifen konnte, hatte der Regenwurm die Biene gefressen. ☐
3. Die Suppe war süßer, als er angenommen hatte. ☐
4. Langsam stand der Storch mit den Vorderbeinen auf. ☐
5. Dann schaltete Gisela die Scheinwerfer ihrer Brille ein. ☐
6. Der Mann drehte sich und stellte den Blumenstrauß in die Luft. ☐
7. Der Arzt meinte, sie habe sich wohl einen Flügel gebrochen. ☐
8. Die Bücher taten ihm Leid. Darum ließ er sie wieder frei. ☐
9. Entschlossen legte er die Schürze ins Feuer. ☐
10. Es war heller Morgen. Die Sonntagsbluse stieg am Horizont auf. ☐

Beim Lesen mitdenken

72 In welchem Haus wohnt der **Hamster?**
Trage deine Forschungsergebnisse in die Leerzeilen der Häuser ein.

Nation					
Getränk					
Haustier					
Farbe					
Hobby					

1. Der Norweger wohnt im ersten Haus und hat Zierfische.
2. Neben dem blauen Haus steht das Haus des Norwegers.
3. Im Haus in der Mitte wird Kakao getrunken.
4. Der Deutsche besitzt einen Hund.
5. Der Amerikaner züchtet Bienen.
6. Der Briefmarkensammler trinkt gerne Kaffee.
7. Der Österreicher sammelt Briefmarken und liebt seine Katze.
8. Zwischen dem roten und dem weißen steht ein grünes Haus.
9. Im grünen Haus wird Kaffee getrunken.
10. Der Amerikaner wohnt im roten Haus.
11. Der Italiener trinkt Wein und wohnt neben dem Kaffeetrinker.
12. Der Bewohner des braunen Hauses kegelt gerne und trinkt Tee.
13. Der Fußballspieler lebt in Rom und ist der Nachbar des Österreichers.
14. Der Schachspieler züchtet Bienen.
15. Das rote Haus steht neben dem blauen und ist nicht das Haus des Norwegers.
16. Der Kegelspieler hat Zierfische und wohnt neben dem Herrn mit der Modelleisenbahn.
17. Der Deutsche trinkt Limonade und wohnt zwischen dem Norweger und dem Amerikaner.

Augengymnastik

73 Vergleiche die beiden Zeilen miteinander.
Entdecke die **fünf Stellen,** bei denen sie sich voneinander unterscheiden.

6708758145085814775554645717393190923984156115765137326276027200898

6708758245085814775454645711393190923984156175765137326276027270898

Die Bedeutung von Wörtern verstehen

74 Welches der folgenden Wörter **entspricht** dem vorgegebenen Wort? Unterstreiche es jeweils.

amüsant
erfolgreich, unterhaltsam, wenig, aufdringlich, gebildet

aktiv sein
fort sein, tätig sein, verseucht sein, stark sein, gebildet sein

aggressiv
angriffslustig, wehrhaft, scheu, zurückhaltend, mutig

akzeptieren
zurückgeben, annehmen, ermuntern, berechnen, vermuten

aktuell
pünktlich, sicher, zeitgemäß, verschwenderisch, persönlich

abschätzig
Hanglage, richtungsweisend, bestimmend, versichert, abfällig

auskosten
versuchen, ausgiebig genießen, nippen, satt essen, vollständig

leugnen
bitten, abstreiten, bestreiten, hervorstechen, beleuchten

Luftschloss
Einbildung, Vorsorge, Luxusschloss, Rache, Versicherung

makellos
mangelhaft, mehrfach, fehlerlos, klein, befreit

Mansarde
Veranda, Nebenraum, Kellerteil, Verzierung, Dachkammer

Menü
Auftrag, Gefängnis, Erinnerung, Gericht, Reihenfolge

mies
bestens, wenig, schlecht, erfreulich, meistens

Mine
Gesicht, Bleistift, Verdacht, Aufregung, Bergwerk

miserabel
minderwertig, vorteilhaft, großartig, verantwortlich, mindestens

missliebig
missraten, unbeliebt, gefallen, bekannt, verliebt

mogeln
betrügen, andermal, verstecken, vernichten, besorgen

nörgeln
nötigenfalls, nicht machen, niemals, beanstanden, sorgen

geistreich
kirchlich, gespenstisch, einfallsreich, verrückt, alkoholisch

obdachlos
oben, fehlerlos, wohnungslos, wohnen, verlieren

objektiv
wichtig, notwendig, sachlich, gemeinsam, schön

Objekt
Gegenstand, richtig, Linse des Fotoapparates, Spiel, Uhrzeiger

Beim Lesen mitdenken

75 Wo liegt die **Hauptaussage** des Satzes? Bei Ort, Zeit oder Person?

	Ort	Zeit	Person
1. Meine Freundin und ich werden alle Tiere einfangen.	☐	☐	☐
2. Wir besuchen dich gleich nach den Weihnachtsferien.	☐	☐	☐
3. Das Unglück geschah in der Nacht von Montag auf Dienstag.	☐	☐	☐
4. Wir gratulierten unserer Tante Resi herzlich zum runden Geburtstag.	☐	☐	☐
5. Die Weihnachtsferien bescheren uns in diesem Jahr eine Reise.	☐	☐	☐
6. Die Wettervorhersage sagte neuerlich Regenfälle für Bayern voraus.	☐	☐	☐
7. Für uns gehört Venedig zu den schönsten Städten der Welt.	☐	☐	☐
8. Ich kann mir die Rechtschreibung dieses Wortes nicht merken.	☐	☐	☐
9. Wir werden den Ausflug gemeinsam machen.	☐	☐	☐
10. Die Ansprache bei der Schuleröffnung hielt der Direktor.	☐	☐	☐
11. Nur mein Bruder durfte das Finale der Schülerspiele besuchen.	☐	☐	☐
12. Es gibt bald eine Prüfung, für die fleißig gelernt werden muss.	☐	☐	☐
13. Der Fluss kann an einer seichten Stelle überquert werden.	☐	☐	☐
14. Diese Kreuzung ist wegen der Unübersichtlichkeit sehr gefährlich.	☐	☐	☐

Augengymnastik

76 Blitzschnell mit den Augen suchen. In dem Feld befinden sich die Ziffern von **1 bis 25.** Berühre so schnell wie möglich die Ziffern in der richtigen Reihenfolge mit einem Bleistift.

11					5							23		8		
		21		13			16			10						1
	3											18		14		
			24		19		7		22		2					
		9.								20			12		6.	
17				15				4				25				

Das Gelesene verstehen

77 In dieser Aufgabe wird der Inhalt eines Satzes durch ein **treffendes Wort** beschrieben. Gib an, welches Wort den darüberstehenden Satz am besten trifft.

1. Maria hat noch nie ihr Wort gebrochen. Sie ist
   A wortlos
   B gesprächig
   C zuverlässig ☐

2. Er wird nicht gleich müde. Er ist
   A ausdauernd
   B andauernd
   C haltbar ☐

3. Ihm ist alles einerlei. Er ist
   A gleichgültig
   B faul
   C lustlos ☐

4. Alles gute Zureden half nichts. Es war
   A unverbesserlich
   B traurig
   C vergeblich ☐

5. Er regt sich nicht gleich auf. Er ist
   A gedankenlos
   B gelassen
   C rücksichtslos ☐

6. Sie berichtet in allen Einzelheiten. Sie ist
   A geschwätzig
   B gutmütig
   C fleißig ☐

7. Sie hat mich aus einer misslichen Lage befreit. Sie ist
   A uneigennützig
   B hilfsbereit
   C großzügig ☐

8. Sie liegt ihm in den Ohren. Sie ist
   A aufdringlich
   B behilflich
   C laut ☐

78 Welches der nachfolgenden Wörter **passt** zum ersten Wort der Zeile? Unterstreiche es.

GEMÄLDE: RUINE, RUCKSACK, RUTSCHBAHN, ROLLTREPPE, RAUBTIER, RAHMEN, ROHR

SCHAUFEL: BAUM, STREICHHOLZ, STUNDE, STROH, STRUMPF, STIEL, STIMME

ABSCHIED: BODEN, BLUMENKOHL, BLINDSCHLEICHE, BLEISTIFT, BESUCH, BESTECK

KESSEL: TUNNEL, PAPAGEI, TROMPETE, TREPPE, TINTE, TOPF, TISCHTENNIS, TANZ

FEUER: STIEFMÜTTERCHEN, SPRUNGBRETT, SPRINGBRUNNEN, STREICHHOLZ, STRAND

Tipps zur Entspannung der Augen

Lesen ist für die Augen anstrengend. Um deine Augen vor Übermüdung zu schützen kannst du Folgendes machen:

- Decke deine Augen mit gekrümmten Handflächen ab und lasse sie ins Dunkle schauen.
- Schließe deine Augen und ziehe mit deiner Pupille langsam Kreise.
- Fixiere abwechselnd einen Gegenstand in der Nähe und in größerer Entfernung.

Das Gelesene verstehen

79 Notiere, ob die Antwort **A, B** oder **C** richtig ist. Für jede richtige Antwort gibt es einen Punkt.

1. Wer keine Zeit hat, ist
   A arm
   B faul
   C hektisch ☐

2. Wer kein Geld hat, ist
   A arbeitslos
   B arm
   C sparsam ☐

3. Wer anderen etwas schenkt, ist
   A großzügig
   B dumm
   C verschwenderisch ☐

4. Wer viele Fehler macht, ist
   A unkonzentriert
   B ungebildet
   C faul ☐

5. Wer sich krank fühlt, ist
   A fiebrig
   B arbeitsunfähig
   C verletzt ☐

6. Wer viel fernsieht, ist
   A süchtig
   B leseschwach
   C ungebildet ☐

7. Wer sich nichts zutraut, ist
   A bescheiden
   B ängstlich
   C überlegt ☐

8. Wer sich etwas erklären lässt, ist
   A dumm
   B begriffsstutzig
   C interessiert ☐

9. Wer sich nichts sagen lässt, ist
   A schwerhörig
   B starrköpfig
   C nachdenklich ☐

10. Wer deprimiert ist, ist
    A unglücklich
    B sorgsam
    C angriffslustig ☐

11. Wer sich nicht entscheiden kann, ist
    A unschlüssig
    B gewissenhaft
    C schwerfällig ☐

12. Wer jemandem die Tür aufmacht, ist
    A bescheiden
    B arrogant
    C zuvorkommend ☐

13. Wer sich gehen lässt, ist
    A haltlos
    B willensstark
    C folgsam ☐

14. Wer schlecht gelaunt ist, ist
    A willenlos
    B grantig
    C hilfsbedürftig ☐

11–14 Punkte: ausgezeichnet
9–10 Punkte: sehr gut
6– 8 Punkte: es geht noch

Augengymnastik

80 Vergleiche die drei Zeilen miteinander.
Entdecke die **fünf Stellen,** bei denen sie sich voneinander unterscheiden.

8592587267275814715454645717393190923984156115765 13

85925872872758147154545457173931909239841561151651 3

859258728727581471545464571139319692398415611576513

Beim Lesen mitdenken

81 Wie heißt das **Gegenteil** vom vorgegebenen Begriff?
Notiere deine Ergebnisse und für jedes richtige Ergebnis einen Punkt.

hell
dunkel
düster
schummrig

rasen
bummeln
eilen
fahren

reich
arm
bettelarm
notleidend

schwarz
grau
weiß
licht

Vergangenheit
jetzt
morgen
Zukunft

tot
lebendig
sterben
geboren

Anfang
Start
Beginn
Ende

Oase
Landschaft
Wüste
Ozean

freundlich
fremd
grausam
feindlich

Hölle
Horizont
Himmel
Erde

nah
fern
dicht
weit

kalt
eisig
warm
hitzig

schneeweiß
zappenduster
kohlrabenschwarz
aschgrau

feig
übermütig
stark
mutig

11–14 Punkte: ausgezeichnet
9–10 Punkte: sehr gut
6– 8 Punkte: es geht noch

Schau genau!

82 Welche Schneekristalle sind anders?

Die Bedeutung von Sprichwörtern verstehen

83 Wie gehören die Teile zusammen?

1. Eine Schwalbe	auch wenn er tausendmal die Wahrheit spricht.
2. Wer zuletzt lacht,	ist besser als eine Taube auf dem Dach.
3. Was ich nicht weiß,	macht noch keinen Sommer.
4. Am Abend werden	lernt Hans nimmermehr.
5. Der Spatz in der Hand	ist den Euro nicht wert.
6. Wer den Cent nicht ehrt,	macht mich nicht heiß.
7. Was Hänschen nicht lernt,	fällt selbst hinein.
8. Wer anderen eine Grube gräbt,	die Faulen fleißig.
9. Der Krug geht so lange zum Brunnen,	lacht am besten.
10. Wer einmal lügt, dem glaubt man nicht,	bis er bricht.

84 Was **bedeuten** die Sprichwörter der Übung 83?
Hier findest du die Erklärungen. Welche Erklärung gehört zu welchem Sprichwort?

A Ich traue dir nicht mehr. Ich habe Angst, von dir noch einmal enttäuscht zu werden.
B Etwas, was ich sicher habe, werde ich nicht eintauschen gegen etwas Besseres, von dem ich nicht weiß, ob ich es auch wirklich bekomme.
C Das ist zwar ein guter Anfang, aber damit ist noch nicht alles erreicht.
D Wenn ich es nicht weiß, ärgert es mich nicht.
E Ich habe zwar jetzt verloren, aber ich gebe noch lange nicht auf. Vielleicht bin ich zum Schluss der Sieger.
F Wer sich während der Arbeit Zeit gelassen hat, versucht zum Schluss alles aufzuholen und viel zu arbeiten.
G Was man in der Kindheit nicht gelernt hat, wird man auch als Erwachsener nicht mehr lernen.
H Wer anderen etwas Schlechtes antun will, dem entsteht selbst oft ein Schaden daraus.
I Man soll auch Dinge mit kleinem Wert schätzen.
J Du bist so lange unvorsichtig, bis ein Unglück passiert.

1 ☐ 2 ☐ 3 ☐ 4 ☐ 5 ☐ 6 ☐ 7 ☐ 8 ☐ 9 ☐ 10 ☐

Die Bedeutung von Wörtern verstehen

85 Welches der nachfolgenden Wörter **erklärt** das vorgegebene Wort? Unterstreiche es.

pädagogisch
angenehm, bedeutsam, kunstvoll, erzieherisch, gebildet

parken
abstellen, reservieren, bedenken, aufnehmen, entnehmen

perfekt
entfernt, vollkommen, lieblich, gewöhnlich, vergangen

Pessimist
Hafenanlage, Schwarzseher, Vorausdenker, Vertreter, Käufer

Position
Standort, Reifen, Rennen, Vermutung, Echtheit

Profit
Zeitung, Nutzen, Beruf, Sache, Notwendigkeit

professionell
verspielt, berufsmäßig, nervös, anständig, angestellt

prophezeien
wissen, versprechen, weissagen, abergläubisch, einsperren

prompt
sofort, hart, kleinlich, rühmlich, sorgfältig

pachten
klopfen, segeln, springen, mieten, sorgsam

original
östlich, meistens, später, käuflich, echt

Termin
Treffpunkt, Ort, Zeitpunkt, Flugfeld, Sportart

protestieren
Einspruch erheben, annehmen, leisten, vermuten, organisieren

Protokoll
Fischangel, Flugzeugtype, Wirtschaft, Niederschrift, Ansage

Safe
Transport, Geldschrank, Niederschlag, Antwort, Lift

Sakko
Musikinstrument, Jacke, Buchumschlag, Raubtier, Anker

schelmisch
spaßig, unsicher, nahe, wenigstens, schlecht sichtbar

sieden
verzeihen, kochen, ansprechen, kosten, verspeisen

Theologe
Mediziner, Wahrsager, Geistlicher, Forscher, Landvermesser

Gehölz
Holzfabrik, Eigentum, Krankenhaus, Wäldchen, Urkunde

Garantie
Karte, Gewähr, Zeit, Kosten, Ersparnis

salutieren
grüßen, schießen, meinen, neigen, sehen

Richtige Lösungen:
19–22 richtig: ausgezeichnet
16–18 richtig: sehr gut
13–15 richtig: es geht noch

Beim Lesen mitdenken

86 Notiere, ob die Antwort **A, B** oder **C** richtig ist.

1. Ein Schüler hat eine Aufgabe von einem Mitschüler abgeschrieben. Wie wird er bei der Rückgabe der Hefte sein?
   A gelassen
   B beunruhigt
   C überheblich

2. Dieter wollte sich mit einem Mitschüler beim Kino treffen. Obwohl schon Einlass ist, ist sein Freund noch nicht da. Wie fühlt er sich?
   A hereingelegt
   B gehänselt
   C verunsichert

3. Ein Schüler fürchtet sich vor einer Klassenarbeit in der ersten Stunde. Am Morgen fährt ihm der Bus vor der Nase weg. Wie fühlt er sich?
   A erleichtert
   B gelassen
   C nervös

4. Ein Rennfahrer hat einen Zusammenstoß mit einem anderen Fahrzeug nur knapp überlebt. Wie fühlt er sich?
   A überheblich
   B erleichtert
   C gut gelaunt

5. Markus lernt immer viel für die Englischtests, aber meist ist er erfolglos. Diesmal bekommt er eine Zwei. Der Lehrer sagt: „Da hast du aber Glück gehabt!" Wie fühlt sich Markus?
   A übergangen
   B verkannt
   C zufrieden

6. Susanne wird von drei Mitschülern gebeten, dem Direktor zu bestätigen, dass sie nicht die Garderobe beschädigt haben, sondern mit ihr zusammen aus der Schule gegangen sind. Sie weiß, dass die Mitschüler lügen. Wie fühlt sie sich?
   A bedroht
   B hereingelegt
   C missbraucht

7. Eine Dame mit einem echten Pelzmantel wird von einem Tierschützer auf der Straße zur Rede gestellt. Wie fühlt sie sich?
   A schuldbewusst
   B angefeindet
   C angewidert

8. Die Geschäfte schließen in 5 Minuten. Jemand muss noch dringend etwas einkaufen. Die Ampel schaltet auf Rot. Wie fühlt sich der Käufer?
   A unsicher
   B angespannt
   C geschockt

9. Nachdem er die Testaufgabe gelesen hat, klappt er das Heft zu. Wie fühlt sich der Schüler?
   A mitleidig
   B krank
   C ratlos

10. Der Lehrer wollte ein Auge zudrücken. Er wollte
   A darauf beharren
   B es durchgehen lassen
   C Spaß machen

Texte vergleichen

87 Lies den folgenden Text sehr konzentriert.
Auf der nächsten Seite findest du denselben Text, aber diesmal fehlen an Stellen, die mit einem ● gekennzeichnet sind, Wörter.

Die Stadt und ihre Bewohner im Mittelalter Wolfgang Pramper

Es war noch stockdunkle Nacht, als die Mutter die 11-jährige Elisabeth weckte. Zum ersten Mal durfte sie am Markttag mit in die Stadt, um beim Verkauf der Lebensmittel zu helfen. Elisabeth hatte schon viel Aufregendes von den Nachbarskindern über die Stadt gehört. Die Erzählungen von den Straßen und Häusern aus Stein, die höher als der größte Baum sein sollten, hielt sie aber für reine Aufschneiderei. Je länger Elisabeth mit ihrer Mutter unterwegs war, umso mehr Menschen strömten von allen Seiten auf die staubige Landstraße zu. Jetzt war auch schon die Stadt aus der Ferne zu sehen. Elisabeth war überwältigt, so eindrucksvoll war das Bild, das sich ihr bot. Gewaltige Stadtmauern und Stadttore, hunderte Häuser und Türme, die bis in die Wolken zu reichen schienen. Nach dem Durchschreiten der Stadttore hatte Elisabeth nur mehr ein Auge für das bunte und laute Treiben, das sie hin zum Marktplatz zog. Abseits der gepflasterten Straße versank man in Schmutz und Morast, vor dem sich die Stadtbewohner mit schweren Holzschuhen schützten. Der Marktplatz war in einem furchtbaren Zustand, vor dem Elisabeth grauste. Überall lagen verfaulte Lebensmittel und tote Tiere. Dazwischen trieben die Bauern ihre Schweine und Schafe, die heute verkauft werden sollten. Selbst das Wasser des Ziehbrunnens stank erbärmlich. Kein Wunder, wenn die Städter oft gleich massenhaft sterben, dachte sich Elisabeth, so einen Gestank und Lärm kann man ja nicht länger als einen Tag aushalten.

Augengymnastik

88 Verfolge die Linie. Bei jeder Zeichnung bleibe kurz stehen.
Gehe der Linie **fünfmal** mit den Augen nach.

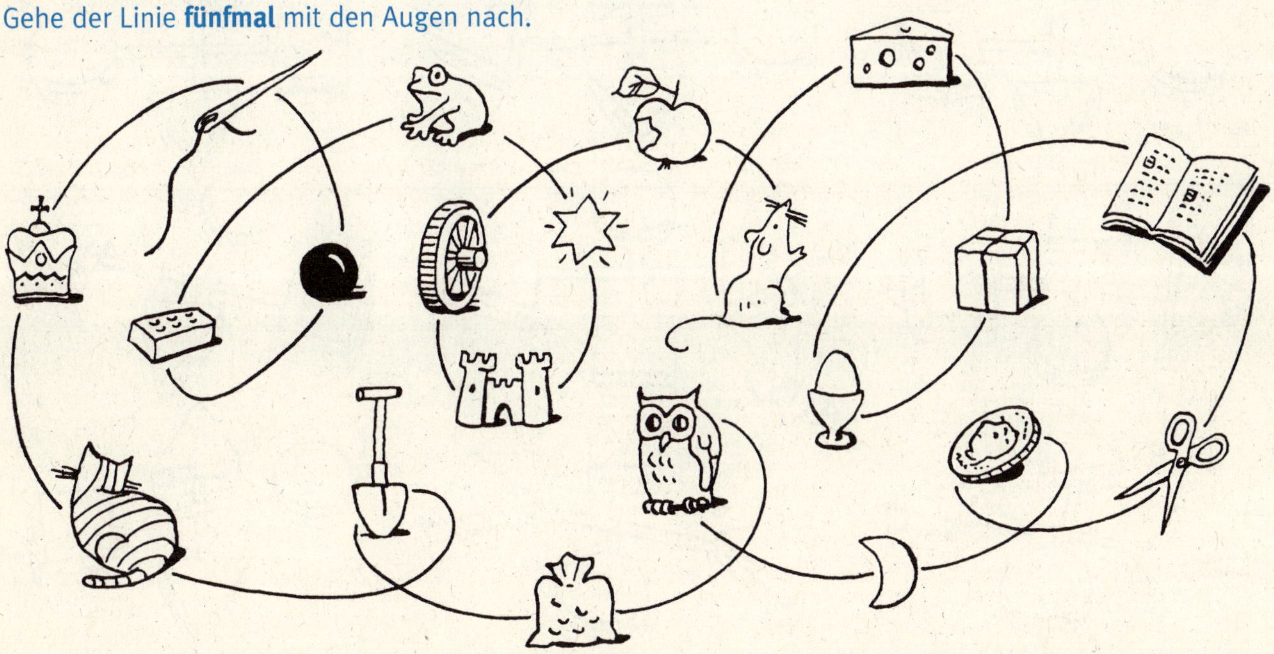

89 Ergänze die fehlenden Wörter aus dem Gedächtnis.
Wenn du ein Wort nicht erschließen kannst, lies nach.
Bei wie vielen Wörtern musstest du nachschauen?
Schaffst du es nach einiger Übung, den ganzen Text zu lesen und **weniger als fünfmal** nachzuschauen?

Die Stadt und ihre Bewohner im Mittelalter

Es war noch stockdunkle ●, als die Mutter die 11-jährige Elisabeth ●. Zum ersten Mal durfte sie am Markttag mit in die ●, um beim Verkauf der Lebensmittel ● helfen. Elisabeth hatte schon viel Aufregendes von den ● über die Stadt gehört. Die Erzählungen von den Straßen ● Häusern aus Stein, die höher als der ● Baum sein sollten, hielt sie aber für reine ●. Je länger ● mit ihrer Mutter unterwegs war, umso mehr ● strömten von allen ● auf die staubige ● zu. Jetzt war auch schon die Stadt aus der ● zu sehen. Elisabeth war überwältigt, so eindrucksvoll war das ●, das sich ihr bot. Gewaltige Stadtmauern und ●, hunderte Häuser und ●, die bis in die Wolken zu reichen schienen. Nach dem Durchschreiten der Stadttore hatte ● nur mehr ein Auge für das bunte und ● Treiben, das sie hin zum ● zog. Abseits der gepflasterten ● versank man in ● und Morast, vor dem sich die Stadtbewohner mit schweren ● schützten. Der Marktplatz war in einem ● Zustand, vor dem Elisabeth ●. Überall lagen verfaulte Lebensmittel und tote ●. Dazwischen trieben die Bauern ihre Schweine und ●, die heute verkauft werden sollten. Selbst das Wasser des ● stank erbärmlich. Kein Wunder, wenn die Städter oft gleich massenhaft ●, dachte sich Elisabeth, so einen Gestank und ● kann man ja nicht länger als einen ● aushalten.

Schau genau!

90 Vergleiche die Figuren.
Bei welcher Figur wurden die Teile so angeordnet wie bei der Figur in der Mitte?

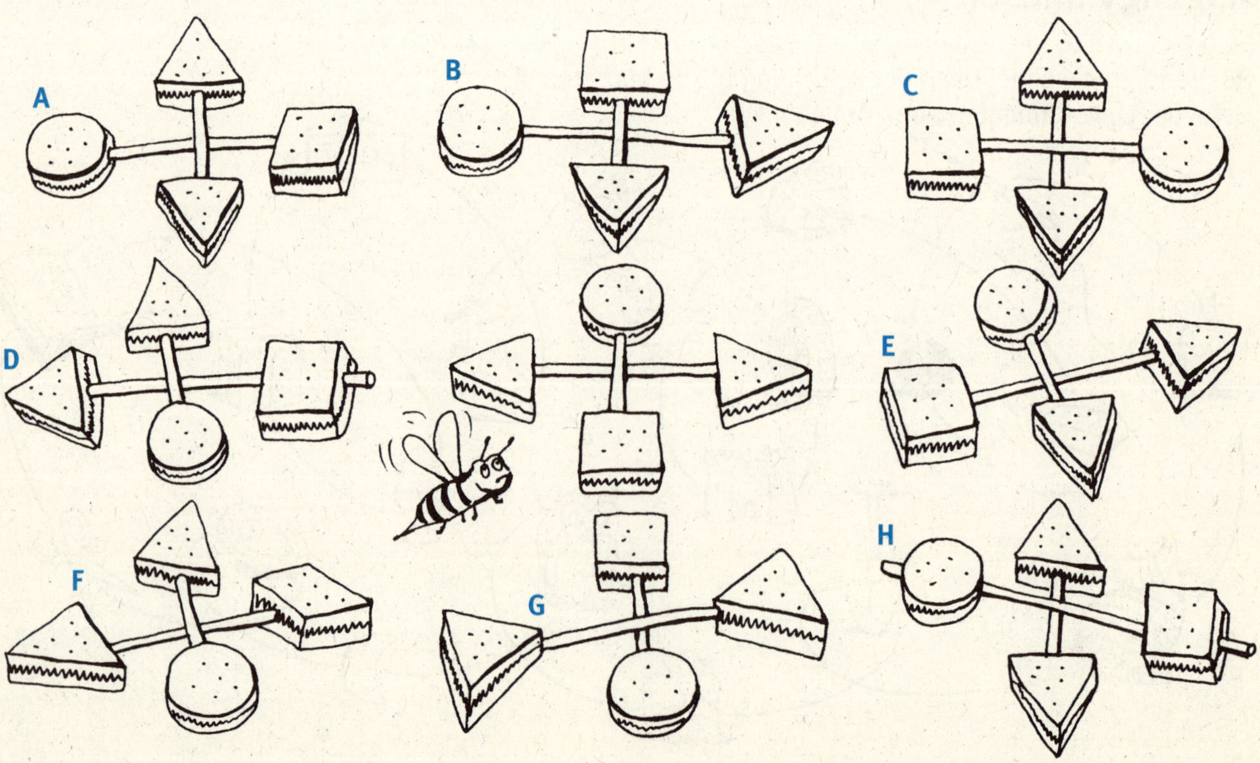

Die Bedeutung von Redewendungen verstehen

91 Wähle unter den vorgegebenen Antworten die richtige aus.

1. mit jemandem über Kreuz sein
   A mit jemandem eng befreundet sein
   B jemanden in die Kirche begleiten
   C jemanden heiraten wollen
   D mit jemandem zerstritten sein

2. sich in die Höhle des Löwen begeben
   A einen Löwen in seiner Höhle besuchen
   B sich in eine gefährliche Lage begeben
   C eine gefährliche Person einladen
   D leichtsinnig sein

3. ein dickes Fell haben
   A faulenzen, nichts tun
   B jemanden verhauen
   C unempfindlich gegen Kritik sein
   D von Geburt an dicklich sein

4. den Bund fürs Leben schließen
   A sterben
   B heiraten
   C Kinder bekommen
   D in Pension gehen

5. sich nach der Decke strecken
   A müde sein
   B sich der Meinung anderer anpassen
   C groß gewachsen sein
   D sparsam sein

6. jemandem auf den Zahn fühlen
   A abwarten
   B ängstlich sein
   C jemanden kontrollieren
   D jemanden bedrohen

7. etwas für bare Münze nehmen
   A abergläubisch sein
   B sich einer Sache sicher sein
   C etwas glauben
   D mit Bargeld bezahlen

8. nicht alle Tassen im Schrank haben
   A verrückt sein
   B sehr unordentlich sein
   C vergesslich sein
   D altmodisch sein

9. jemandem in den Rücken fallen
   A jemanden von hinten anspringen
   B nicht in seinem Sinne handeln
   C jemanden verlassen
   D jemanden vergessen

10. ein gutes Wort einlegen
   A sich versprechen
   B sich verleiten lassen
   C sich für jemanden einsetzen
   D sich freundlich verhalten

11. jemanden durch den Kakao ziehen
   A jemanden schmutzig machen
   B jemanden verärgen
   C jemanden verspotten
   D jemanden missachten

12. das Gras wachsen hören
   A etwas früher als andere wissen
   B sich in der Botanik gut auskennen
   C einen regen Verstand besitzen
   D ein scharfes Gehör haben

13. alles auf eine Karte setzen
   A etwas erwarten
   B etwas verspielen
   C etwas riskieren
   D viel Glück haben

14. etwas unter die Lupe nehmen
   A etwas Kleines betrachten
   B etwas genau prüfen
   C übervorsichtig sein
   D vorsichtig sein

Schnelles und genaues Lesen

92 Lies den folgenden Text möglichst schnell, aber genau. Danach sollst du Fragen zum Text beantworten können.

Wie man früher versuchte, sich vor der Pest zu schützen

Wolfgang Pramper

Paracelsus, der große Arzt des 16. Jahrhunderts, empfahl gedörrte Kröten auf die Beulen zu legen. Die sollten die Giftstoffe aufsaugen. Genauso widerlich ist die Empfehlung, eine junge Taube zu zerreißen und sie noch warm aufs Haupt zu legen, desgleichen auch ein junges Hündlein. Manche Leute hielten sich stinkende Ziegenböcke oder verbrannten Leder im Zimmer.

Zwei italienische Ärzte behaupteten, es helfe, wenn man nicht an den Tod denke und sich in eine schöne Landschaft begebe, schönen Liedern zuhöre und schöne Pflanzen betrachte. Die Methode war sogar einigermaßen erfolgreich, denn die Ansteckungsgefahr auf einem Landsitz war viel geringer als in der Stadt. Das konnten sich natürlich nur Reiche leisten, den armen Menschen blieb nur die Hoffnung, sich durch ein Opfer von der Seuche „loszukaufen“. Seit Urzeiten glauben die Menschen sich vor einem Unglück retten zu können, indem sie freiwillig etwas opfern. Vor dem Mittelalter opferte man Waren, Nahrungsmittel, Tiere, manchmal sogar Menschen. Viele Gemeinschaftsopfer der Menschen aus dem Mittelalter sind heute noch in unseren Städten zu sehen: Kirchen, aber auch Pestsäulen und Kapellen. Die großartige Karlskirche in Wien beispielsweise wurde von den Wienern zum Dank für ihr Überleben auf einem großen Seuchengrab errichtet.

Die Unerklärlichkeit der Krankheit führte dazu, dass sie von vielen als eine Strafe Gottes bezeichnet wurde. Das veranlasste viele Menschen dazu, sich selbst für ihre Sünden zu bestrafen, indem sie sich auspeitschten. Sie schlugen sich Rücken, Brust und Arme blutig um Gott zu versöhnen. Am schlimmsten hatten in dieser Zeit die Juden zu leiden. Ohnehin Außenseiter in den Städten, machte man sie für angeblich vergiftete Brunnen verantwortlich. Unter der mittelalterlichen Folter gestanden sie bald jede Beschuldigung. Zur „Versöhnung Gottes“ wurden sie verbrannt, auch ihre Kinder und Frauen. Die Angst vor der Seuche machte die Menschen völlig sinnenlos. Oft genügte die Anzeige eines missgünstigen Nachbarn, um unschuldige Menschen als Hexen oder Hexer gelten zu lassen. Häufig geschah dies auch aus Geldgier, da man so Schulden leicht loswurde oder einen Besitz übernehmen konnte.

Wusstest du schon, dass das Spiel „Wer fürchtet sich vorm schwarzen Mann?“ aus der Zeit der Pest stammt? Die Ärzte und Leichenträger waren schwarz gekleidet, und wenn sie mit ihrem Totenglöckchen durch die Stadt gingen, lief jeder davon, um sich in Sicherheit zu bringen.

Erst Kurfürst August der Starke ließ in Dresden die erste Kanalisation bauen und ersetzte viele Holzhäuser durch Steinbauten. Auf diese Weise rottete er die Pest aus, ohne es zu wissen, denn der Unrat verschwand von den Straßen. Die Getreidespeicher in den oberen Stockwerken der Häuser waren der ideale Tummelplatz der Ratten, die die Pest verbreiteten. Diese konnten mühelos die Dachböden einer ganzen Straßenzeile durchwandern. Die Steinhäuser änderten das.

93 Notiere den Buchstaben mit der richtigen Lösung.

1. In welcher Stadt wurde die erste Kanalisation gebaut?
   A Berlin
   B Wien
   C Dresden
   D Nürnberg

2. Wie hieß der große Arzt des 16. Jahrhunderts?
   A Paracelsus
   B Sauerbruch
   C Billroth
   D Freud

3. Welche Bevölkerungsgruppe hatte während der Zeit der großen Seuche besonders zu leiden?
   A Bauern
   B Adelige
   C Juden
   D Kaufleute

4. Was verbrannten Menschen früher, um sich vor der Pest zu schützen?
   A Papier
   B Leder
   C Ziegenböcke
   D Pech

5. Wer verbreitete die Pest?
   A Ratten
   B Mäuse
   C Frösche
   D Hunde

6. Warum bringen Menschen Opfer?
   A um Gutes zu tun
   B um Schlimmes abzuwehren
   C um anderen zu helfen
   D um Richtiges zu tun

7. Was ist Unrat?
   A Mist, Abfälle
   B schlechter Rat
   C Medizin für Pestkranke
   D Straßenpflaster

8. Wie heißt die Kirche, die die Wiener aus Dankbarkeit für ihr Überleben errichteten?
   A Josefskirche
   B Karlskirche
   C Peterskirche
   D Marienkirche

9. Das Spiel „Wer fürchtet sich vorm schwarzen Mann?" erinnert an
   A Leichenträger
   B Kanalarbeiter
   C August den Starken
   D Hexer

Augengymnastik

94 Blitzschnell mit den Augen suchen.
In diesen Feldern befinden sich die Buchstaben des Alphabets. **Drei fehlen;** finde heraus, welche.

L G V B Y … Q W E O U C K Z …

… N D J T … X M R A P H

Die Bedeutung von Redewendungen verstehen

95 Wähle unter den vorgegebenen Antworten die richtige aus.

1. die Nase rümpfen
   A verachten
   B verärgert sein
   C missgelaunt sein
   D neidisch sein ☐

2. die Nase hoch tragen
   A gebildet sein
   B stur sein
   C dumm sein
   D eingebildet sein ☐

3. die Nase voll haben
   A verkühlt sein
   B genug Geld verdient haben
   C überdrüssig sein
   D eine neue Arbeit annehmen ☐

4. kein Blatt vor den Mund nehmen
   A etwas offen aussprechen
   B etwas genau erklären
   C großspurig daherreden
   D ordinär werden ☐

5. hinters Licht führen
   A verachten
   B verlassen
   C verniedlichen
   D täuschen ☐

6. auf die falsche Karte setzen
   A sich ärgern
   B sich irren
   C sich ändern wollen
   D betrogen werden ☐

7. auf den Holzweg geraten
   A eine schlechte Zeit erleben
   B im Irrtum sein
   C in schlechte Gesellschaft geraten
   D verloren gehen ☐

8. aufs falsche Pferd setzen
   A fahrlässig handeln
   B unsicher sein
   C beleidigt werden
   D sich täuschen ☐

9. den Hut ziehen
   A vor jemandem Respekt haben
   B den Arbeitsplatz kündigen
   C verärgert sein
   D jemanden verlassen ☐

10. auf der Hut sein
    A jemanden verfolgen
    B vorsichtig sein
    C in Verdacht geraten
    D unterwegs sein ☐

11. auf den Hund kommen
    A reich werden
    B verwahrlosen
    C ein Tierfreund sein
    D gesprächig sein ☐

12. wie Katz und Hund sein
    A zerstritten sein
    B verliebt sein
    C gefräßig sein
    D verwöhnt sein ☐

13. hoch zu Ross
    A stolz
    B ehrgeizig
    C behindert
    D schnell ☐

14. Krokodilstränen weinen
    A traurig sein
    B betrübt sein
    C heucheln
    D verachten ☐

Leseslalom

96 In welcher **Reihenfolge** ergeben die Sätze einen Sinn?
Kannst du die ganze Seite nach einer Vorbereitungszeit ohne zu stocken lesen?
Nicht schwindeln und nummerieren!
Lies erst nach einer stillen Vorbereitung laut.

Glück im Unglück

Der Radfahrer hilft der Frau auf und sagt:

„Da haben Sie aber Glück gehabt!“

„Na ja, wissen Sie, normalerweise fahre ich mittwochs immer mit dem Bus.“

Eine ältere Dame wird von einem jugendlichen Radfahrer angefahren und fällt hin.

„Wieso sagen Sie, ich hätte Glück gehabt, wo Sie mich doch niedergestoßen haben!“, sagt die Frau.

Pech gehabt

Der Herr gestattet es mit einem freundlichen Lächeln.

Ein älterer Herr steht eines Tages in der Schlange vor einer Supermarktkasse.

Gerade als die junge Dame zahlen will, kommen einige Herren der Geschäftsleitung auf sie zu und gratulieren ihr mit einem Blumenstrauß.

Plötzlich kommt eine junge Frau daher, die nur eine Tüte Zucker gekauft hat, und fragt ihn, ob er sie vorlassen würde.

„Sie sind die millionste Kundin und dürfen ein Jahr lang jeden Tag gratis einkaufen, soviel Sie tragen können!“, sagen sie zu ihr.

Fehlende Wörter ergänzen

97 Hier ist einiges **verloren** gegangen. Und zwar meistens jedes fünfte Wort.
Kannst du viele der fehlenden Wörter **ergänzen?**

Seltsame Briefträger

Der Post dienten bereits _____ verschiedensten Tiere. Am originellsten _____ jedoch der Versuch, Bienen _____ Nachrichtenbeförderung einzusetzen. Am Ende _____ vorigen Jahrhunderts richtete der französische _________ Taynac eine Bienenpost zu _________ Imkerkollegen ein. Von Zeit _____ Zeit tauschten sie eine _________________ Zahl von Bienen aus. _____ festgesetzten Tag ließen sie _____ ziemlich ausgehungerten Bienen zu _________ Schüssel mit Honig und __________ ihnen dabei ein Zigarettenpapierchen _____ einer Nummer des vereinbarten Kodes _____ den Rücken. Dann ließen _____ sie frei, und die _________ machten sich auf den _______________. Beim Anflug mussten sie _______ enge Öffnung am Bienenstock ____________, und dabei löste sich _____ Papier mit der Nachricht.

_____ Vorabend des Ersten Weltkrieges _________ Bienen auch von deutschen Spionen ____________. Aus dem französischen Grenzgebiet ___________ Bienen geflogen, denen die ____________ farbige Seidenfäden um den _____________ gebunden hatten. Rote Farbe ______________ Infanterie, grüne Artillerie und _________ französische Kavallerie, die sich _____ deutschen Grenze näherten.

Auch in der Gegenwart _______ angeblich Versuche gemacht, Bienen _____ Spionagezwecken zu verwenden. Auf _____ Flügel wird ein Mikrobild _____________________, das man nach der Ankunft __________________ und dechiffriert.

Bewertung:
Für jedes richtig eingesetzte Wort zähle einen Punkt.
28–34 Punkte: ausgezeichnet
29–33 Punkte: sehr gut
24–28 Punkte: gut
22–27 Punkte: ausreichend
16–21 Punkte: wenig verstanden
Unter 15 Punkten: zu wenig verstanden

Gut vorlesen können – der Stimme einen besonderen Klang geben

Die Betonungsspitze

Unter Betonungsspitze versteht man jenes Wort im Satz, das mit einer besonderen Betonung versehen wird. Es wird aus den anderen Wörtern im Satz gleichsam hervorgehoben und beeinflusst die Aussage des Satzes.

Im Satz „Ich gehe um 8 Uhr nach Hause."

kann jedes Satzglied mit einer Betonungsspitze versehen werden. Versuche es einmal! Dabei wird deutlich, auf welche Aussage der Sprecher besonderen Wert legen möchte. Zum Beispiel „gehe": Wenn dieses Wort besonders betont wird, sagt man damit, dass man nicht mit dem Auto oder dem Bus fährt.

Die Betonung erfolgt, indem man das Wort **langsamer, energischer, lauter** oder **leiser** ausspricht. Vor der Betonungsspitze wird auch noch eine **kleine Pause** gemacht.

Verschieden betonen

98 Betone in den folgenden Sätzen der Reihe nach die unterstrichenen Satzglieder.

Wir kümmern uns um Ihre Sorgen.

Ich muss mit dir über die Hausaufgabe sprechen.

Das ist deine Pflicht!

Viele Menschen machen jedes Jahr Urlaub im schönen Österreich.

Leider habe ich vergessen, ein Geschenk für deinen 15. Geburtstag zu besorgen.

Ich danke dir für deinen guten Willen.

Tipps für das gute Vorlesen

- Denke beim Vorlesen immer mit und versuche die Geschichte **„erzählend"** zu lesen.
- Mache absichtlich **kleinere und größere Pausen.**
- Wechsle beim Vorlesen das **Tempo,** Spannendes lies zum Beispiel langsamer.

Einen Text zum Vorlesen vorbereiten

99 Lies die unterstrichenen Wörter in einer bestimmten **Ausdruckweise,** das heißt: geheimnisvoll oder streng, leise oder laut, langsam oder schnell.
Vor dem unterstrichenen Wort mache eine ganz kleine Pause, die so genannte Staupause, in der die Atemluft kurz gestaut wird. Übe zuerst leise.

Im Park Joachim Ringelnatz

Ein ganz kleines Reh stand am ganz kleinen Baum
still und verklärt wie im Traum.
Das war des Nachts elf Uhr zwei.
Und dann kam ich um vier
morgens wieder vorbei,
und da träumte noch immer das Tier.
Nun schlich ich mich leise – ich atmete kaum –
gegen den Wind an den Baum
und gab dem Reh einen ganz kleinen Stips.
Und da war es aus Gips.

Konzentrationsübung

100 Sehr schwer: In jeder Zeile befinden sich **drei Fehler.**
Lies möglichst schnell und tippe die Fehler an.

Freizet Freizeit FREIZEIT Friezeit FREIZEIT Freiziet Freizeit FREIZEIT Freizeit Freizeit FREIZEIT

LAUBWALD Lubwald Laubwalt Laubwald Laubwauld Laubwald Laubwald LAUBWALD

Reifenhändler Reifenhandler Reifenhäntler REIFENHÄNDLER REIFENHÄNDLER Riefenhändler

BANCKMANAGER BANKMANAGER Bankmananer Bankmanager BANKMANANAGER Bankmanager

Tierschutzheim Tierschutzheime Tieirschutzheim Tierschutzheim TIERSCHÜTZHEIM

Wienerwald WEINERWALD Wienerwald Wienerwald WIENERWALD Wienebwald Wienewald

WINTERSTURM Wintersturm Wintersturm Winterstum WINTERSTRUM Winntersturm WINTERSTURM

Beerensaft BEERENSAFT Beerensaft Beerensaft Berensaft BEERENSAFD Beerensaft Beerensft

OKTOBERFEST OKTOBERFEST Oktoberfes Oktoberfest Oktaberfest Oktoberfest OKTOBERFEIST

Bewerbung Bewerbung Bewerbung Bewerbung Bemerbung BEWERTUNG BEWEHRUNG

Einen Text zum Vorlesen vorbereiten

101 Zeichne die sinntragenden Wörter, die du **betonen** möchtest, selbst ein.
Unterstreiche sie. Übe zuerst leise.

Der Panther Rainer Maria Rilke

Sein Blick ist im Vorübergehn der Stäbe
so müd geworden, dass er nichts mehr hält.
Ihm ist, als ob es tausend Stäbe gäbe
und hinter tausend Stäben keine Welt.

Der weiche Gang geschmeidig starker Schritte,
der sich im allerkleinsten Kreise dreht,
ist wie ein Tanz von Kraft um eine Mitte,
in der betäubt ein großer Wille steht.

Nur manchmal schiebt der Vorhang der Pupille
sich lautlos auf –. Dann geht ein Bild hinein,
geht durch der Glieder angespannte Stille –
und hört im Herzen auf zu sein.

Pausen halten

102 Trau dich, beim Lesen **Pausen** zu machen!
Je mehr Punkte angegeben sind, desto länger halte den Atem an. Beachte auch die **Melodiebögen.**

Sein Blick ••••• ist im Vorübergehn der Stäbe ••• so müd geworden, ••••

dass er nichts mehr hält. ••••• Ihm ist, ••••• als ob es tausend Stäbe gäbe •••

und hinter tausend Stäben ••••• keine Welt. •••••••

Der weiche Gang ••• geschmeidig starker Schritte, ••••

der sich im allerkleinsten Kreise dreht, ••• ist wie ein Tanz ••• von Kraft ••• um eine Mitte,

••••• in der betäubt ••• ein großer Wille steht. ••••••••

Nur manchmal ••••• schiebt der Vorhang • der Pupille ••• sich lautlos auf –. •••••

Dann geht ein Bild hinein, •••• geht durch der Glieder angespannte Stille – •••••

und hört im Herzen auf ••• zu sein.

Texte vergleichen

103 Wie viele **Fehler** kannst du ohne Nachlesen finden?
Und wie viele **Fehler** kannst du beim Vergleichen mit dem Originaltext finden? Unterstreiche sie.

Der Panther (nach Rainer Maria Rilke)

Sein Blick ist im Vorübergehen der Stäbe
so träge geworden, dass er nichts mehr hält.
Ihm ist, als ob es tausende Stäbe gibt
und hinter tausenden Stäben keine Welt.

Der weiche Gang geschmeidiger starker Schritte,
der sich im kleinsten Kreise dreht,
ist wie ein Tanz von Kraft um einen Mittelpunkt,
in der betäubt sein großer Wille steht.

Nur manches Mal schiebt der Vorhang der Pupille
sich leise auf –. Dann geht ein Blick hinein,
geht durch der Glieder angespannte Stille –
und das hört im Herzen auf zu sein.

Konzentrationsübung

104 In jeder Zeile befindet sich **mindestens ein Fehler.**
Finde möglichst schnell die Fehler und tippe sie an.

HandschuhfachHandschuhfachHandschauhfachHandschuhfachHangschuhfachHandschuhfach

PapierkorbPaperkorbPapierkorpPapierkorbPapierkorbPapierkorbPapierkorbPapierkorb

Beißkorb Bißkorb BeißkorbBeißkorbBeißkorbBeißkorbBeißkorbBeißkorbBeißkobBeißkorb

BücheregalBücherregalBücherregalBücherregalBücherragalBücherregalBücherregalBücherregal

NummerntafelNummmerntafelNummerntafelNummerntafelNummerntafelNummertafel

BettvorlegerBettvorlegerBettvorlegerBettvorlegerBettvorlegerBettworlegerBettvorleger

AmeisenbärAmiesenbärAmeisenbärAmeisenbärAmeizenbärAmeisenbärAmeisenbär

FensterputzerFensterputserFensterputzerFensterputzerFensterputzerFeinsterputzer

LedersofaLedersodaLedersofaLedersofaLedersofaLedersofaLedersofaLebersofaLedersofa

WunderkerzeWunderkerzeHunderkerzeWunderkerzeWunderkeizeWunderkerzeWunderkerze

SpeckschwarteSpeckckschwarteSpeckschwarteSpeckscharteSpeckschwarteSpeckschwarte

Einen Text zum Vorlesen vorbereiten

105 Lies die unterstrichenen Wörter in einer bestimmten **Ausdrucksweise,** das heißt: geheimnisvoll oder streng, leise oder laut, langsam oder schnell.
Vor dem unterstrichenen Wort mache eine ganz kleine Pause, die so genannte Staupause, in der die Atemluft kurz gestaut wird. Übe zuerst leise.

Ein kleiner Hund Christian Morgenstern

Ein kleiner Hund mit Namen Fips
erhielt vom Onkel einen Schlips
aus gelb' und roter Seide.

Die Tante aber hat, o denkt,
ihm noch ein Glöckchen drangehängt
zur Aug'- und Ohrenweide.

Hei, war der kleine Hund da stolz.
Das merkte sogar der Kaufmann Scholz
im Hause gegenüber.

Den grüßte Fips sonst mit dem Schwanz;
jetzt ging er voller Arroganz
an seiner Tür vorüber.

Konzentrationsübung

106 Sehr schwer: In jedem Absatz befinden sich **fünf Fehler.**
Lies möglichst schnell und tippe die Fehler an.

WESPENNEST Wespennest **Wespennest** Wespennest *Wespenneist* Wespennest **WESPENNEST**
Wespennest *WESPENEST* Wespemnest Wespennest **Wespennest** WESPENNEST *WESPENEST*
Wespennest Wespennest WESTENNEST *Wespennest* Westpennest *WESPENNEST* Wespennest

GOLDSCHMIED GOLDSCHMIED GOLDSCHMIED GOLDSCHMIED GOLDSCHMIED GOLDSCHMIED GOLDSCHMIED GOLDSCHMIED
GOLDSCHMED GOLDSCHMIED GOLDSCHMIED GOLDSCHMIET GOLDSCHMIED GOLDSCHMIED GOLDSCHMIED GOLDSCHMIED
GOLDSCHMIED GOLDSCHMIED GOLDSHMIED GOLDSCHMIED GOLDSCHMID GOLDSCHMIED GOLRSCHMIED GOLDSCHMIED
GOLDSCHMIED GOLDSCHMIED GOLDSCHMIED GOLDSCHMIED GOLDSCHMIED GOLDSCHMIED GOLDSCHMIED

Reifen**platz**erReifenplatzerReifenplatzerReifenplatzerReifenplatzer**Reif**enplatzerReifenplatzer
ReifenblatzerReifenplatzerReifenplatzer**Reif**enplatzerReifenplatzerReiferplatzerReifen**platz**er
ReifenplatzerReifenplatzerReifen**platz**erReifenplatzerReifenplatzerReifen**platz**erReifenplatzer
Reifenplater**Reif**enplatserReifenplatzerReifenplatzerReifen**platz**erReifenplatzerReifenplatzer
ReifenplatzerReifenplatzerReifenplatzerReifen**platz**erRefenplatzerReifenplatzer**Reif**enplatzer

Stimmungen durch den Klang der Stimme ausdrücken

107 Versuche beim Lesen der Absätze die **vorgegebene Stimmung** auszudrücken.

traurig, wehmütig	Ich blickte zum letzten Mal auf das Meer hinaus. Für ein ganzes Jahr sollte ich nun nicht mehr diesen wunderschönen Blick genießen können.
gehetzt, hektisch	Ich rannte, so schnell ich konnte, die Treppe hinauf und rief atemlos meinen Mitschülern zu: **„Feueralarm, sofort alle hinaus! Alles liegen lassen! Schnell! Schnell!"**
besinnlich, ruhig	Langsam senkte sich die Dämmerung über die Landschaft. Ringsum war alles ganz ruhig. Nicht einmal die Blätter bewegten sich. Nichts rührte sich.
weinerlich	Ich war beleidigt und beklagte mich bei meinen Eltern mit den Worten: **„Immer muss ich ins Bett gehen, wenn etwas Interessantes im Fernsehen ist!"** Sie aber blieben dabei und mir war der Abend damit endgültig verdorben.
wütend	Mit den Worten: **„Jetzt reicht's mir aber! Das ist eine riesengroße Gemeinheit, die ich mir sicher nicht gefallen lasse!"**, fuhr ich meinen ehemaligen Freund an.
erfreut, begeistert	Und dann öffnete ich die Tür einen Spalt, und was ich da sah, ließ mein Herz höher schlagen. Dort fuhr eine süße kleine Lokomotive mit drei Anhängern durch eine niedliche Landschaft mit Häusern und Bergen.
verdrossen, grantig	An diesem Tag ging einfach alles schief: Zuerst hatte ich den Bus versäumt, dann musste ich lange warten und es begann zu regnen und zuletzt kam ich auch noch drauf, dass ich das Hausaufgabenheft mit der schön gemachten Aufgabe zu Hause vergessen hatte.
wütend, verärgert	Voller Ärger sagte ich zu meiner Schwester: **„Na, wirklich nicht! Du hast mir deine Füllfeder nicht borgen wollen und jetzt willst du Filzstifte von mir. Spinnst du total! Geh doch zu Vati und beschwer dich! Du kannst mich gern haben!"**

Der Stimme einen besonderen Klang geben

108 Die folgende tragische Ballade kann **sehr vielseitig vorgetragen** werden: lustig und beschwingt, geheimnisvoll und traurig, sachlich wie ein Reporter, fröhlich singend, ...
Wirst du dich trauen, deiner Stimme einen besonderen Klang zu geben?

Eskimojade Ballade eines unbekannten Verfassers

Es lebt' in dulci jubilo[1]
in Grönland einst ein Eskimo.
Der liebt' voll Liebeslust und -leid
die allerschönste Eskimaid[2]
und nannt' im Garten sie und Haus
bald Eskimiez, bald Eskimaus.
Im wunderschönen Eskimai
spazieren gingen froh die zwei,
geschminkt die Wangen purpurrot,
wie's mit sich bringt die Eskimod,
und setzten sich ganz sorgenlos
ins wunderschöne Eskimoos.
Still funkelte am Horizont
der silberklare Eskimond.
Da schlich herbei aus dichtem Rohr
Othello[3], Grönlands Eskimohr[4].
In schwarzer Hand hielt fest den Dolch
der eifersücht'ge Eskimolch
und stach zwei-, dreimal zu voll Wut
in frevelhaftem Eskimut.
Vom Dolch getroffen alle beid'
sank' Eskimo und Eskimaid.
Da rannt' im Sprunge des Galopps
herbei der treue Eskimops[5]
und biss mit seinen Zähnen stark
den Mörder bis ins Eskimark,
der bald, zerfleischt vom treuen Hund,
für immer schloss den Eskimund.
So ward – das ist der Schlussakkord[6],
gerächt der blut'ge Eskimord!
Und schaurig klingt vom Norden her
noch heut'gen Tags die Eskimär[7].

1 **dulci jubilo:** Ausdruck für Glücksgefühl
2 **Maid:** Mädchen
3 **Othello:** in der Literatur tragische Figur des Mörders aus Eifersucht
4 **Mohr:** ein Schwarzer
5 **Mops:** eine kleine Hunderasse
6 **Akkord:** Klang mehrerer Saiten
7 **Mär:** Geschichte

Verschieden betonen

109 Sprich den folgenden Satz auf unterschiedliche Weise aus.

Sir, die Pferde sind für Sie gesattelt!

wie ein **Adeliger** (vornehm zu einem anderen Adeligen), ein **Westernheld** (brutal zu einem Pistolenhelden), ein **Diener** (unterwürfig zu einem Grafen), eine vornehme **Dame** (locker zu einem Bekannten), ein **Betrunkener** (lallend), ein **Reitlehrer** (befehlend zu einem adeligen Schüler), ein **Japaner** (r als l), ein **Bauer** (in einem Dialekt)

Einen Text zum Vorlesen vorbereiten

110 Die dramatische Ballade von Theodor Fontane erzählt eine wahre Begebenheit.
Bereite das laute Vorlesen vor.
Unterstreiche die Wörter, die du besonders betonen möchtest, und zeichne Pausen ein.
Dramatische Stellen lies besonders langsam oder sehr schnell.

John Maynard[1] Theodor Fontane

John Maynard!
„Wer ist John Maynard?“

„John Maynard war unser Steuermann,
Aus hielt er, bis er das Ufer gewann,
Er hat uns gerettet, er trägt die Kron’,
Er starb für uns, unsre Liebe sein Lohn.
John Maynard.“

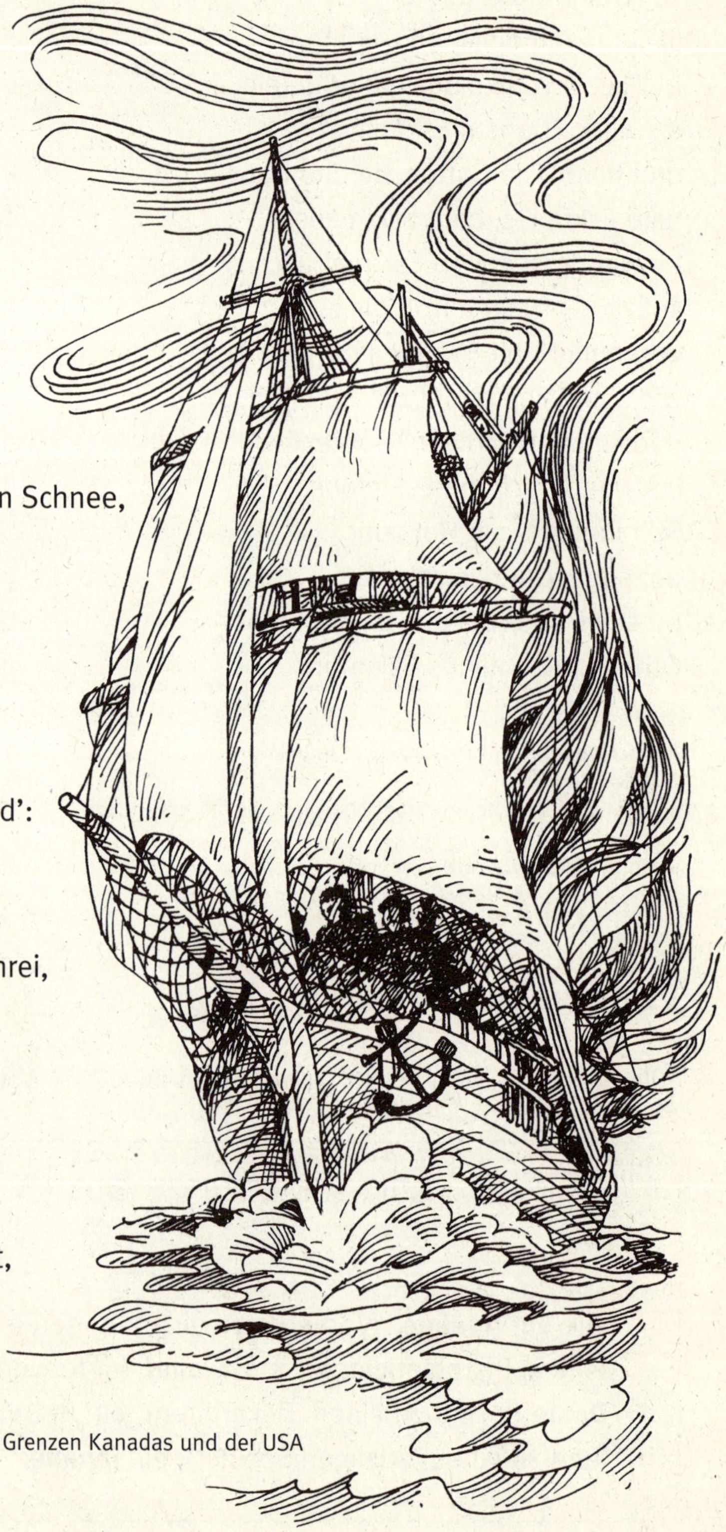

Die „Schwalbe“ fliegt über den Eriesee[2],
Gischt schäumt um den Bug wie Flocken von Schnee,
Von Detroit[3] fliegt sie nach Buffalo[4] –
Die Herzen aber sind frei und froh,
Und die Passagiere, mit Kindern und Fraun
Im Dämmerlicht schon das Ufer schaun,
Und plaudernd an John Maynard heran
Tritt alles: „Wie weit noch, Steuermann?“
Der schaut nach vorn und schaut in die Rund’:
„Noch 30 Minuten ... Halbe Stund’.“

Alle Herzen sind froh, alle Herzen sind frei –
Da klingt’s aus dem Schiffsraum her wie Schrei,
„Feuer!“ war es, was da klang,
Ein Qualm aus Kajüt’ und Luke drang,
Ein Qualm, dann Flammen lichterloh,
Und noch zwanzig Minuten bis Buffalo.

Und die Passagiere, bunt gemengt,
Am Bugspriet[5] stehn sie zusammengedrängt,
Am Bugspriet vorn ist noch Luft und Licht,
Am Steuer aber lagert sich’s dicht,

1 **Maynard:** [menard] gesprochen
2 **Eriesee** [iri]: der südlichste der fünf großen Seen an den Grenzen Kanadas und der USA
3 **Detroit** [dietroit]: Stadt am Detroit-Fluss
4 **Buffalo** [ˈbaffelo]: Grenzstadt am Ostende des Eriesees
5 **Bugspriet:** der vordere Teil des Schiffes

Und ein Jammern wird laut: „Wo sind wir? wo?"
Und noch fünfzehn Minuten bis Buffalo.

Der Zugwind wächst, doch die Qualmwolke steht,
Der Kapitän nach dem Steuer späht,
Er sieht nicht mehr seinen Steuermann,
Aber durchs Sprachrohr fragt er an:
„Noch da, John Maynard?"
„Ja, Herr. Ich bin."
„Auf den Strand! In die Brandung!"
„Ich halte drauf hin."
Und das Schiffsvolk jubelt: „Halt aus! Hallo!"
Und noch zehn Minuten bis Buffalo.

„Noch da, John Maynard?" Und Antwort schallt's
Mit ersterbender Stimme: „Ja, Herr, ich halt's!"
Und in die Brandung, was Klippe, was Stein,
Jagt er die „Schwalbe" mitten hinein,
Soll Rettung kommen, so kommt sie nur so.
Rettung: der Strand von Buffalo.

Das Schiff geborsten. Das Feuer verschwelt.
Gerettet alle. Nur e i n e r fehlt!

Alle Glocken gehn; ihre Töne schwell'n
Himmelan aus Kirchen und Kapell'n,
Ein Klingen und Läuten, sonst schweigt die Stadt,
E i n Dienst nur, den sie heute hat:
Zehntausend folgen oder mehr,
Und kein Aug' im Zuge, das tränenleer.

Sie lassen den Sarg in Blumen hinab,
Mit Blumen schließen sie das Grab,
Und mit goldner Schrift in den Marmorstein
Schreibt die Stadt ihren Dankspruch ein:
„Hier ruht John Maynard! In Qualm und Brand
Hielt er das Steuer fest in der Hand,
Er hat uns gerettet, er trägt die Kron',
Er starb für u n s, unsre Liebe sein Lohn.
John Maynard."

Der Stimme einen besonderen Klang geben

111 Der Autor James Krüss stellt in diesem Gedicht wunderbar das Niederbrennen eines Feuers lautmalerisch dar. Beim Vorlesen kannst du das gut ausdrücken, indem du mit deiner Stimme das Auflodern und Zusammenbrechen des Feuers deutlich machst.

Das Feuer
James Krüss

Hörst du, wie die Flammen flüstern,
knicken, knacken, krachen, knistern,
wie das Feuer rauscht und saust,
brodelt, brutzelt, brennt und braust?

Siehst du, wie die Flammen lecken,
züngeln und die Zunge blecken,
wie das Feuer tanzt und zuckt,
trockne Hölzer schlingt und schluckt?

Riechst du, wie die Flammen rauchen,
brenzlig, brutzlig, brandig schmauchen,
wie das Feuer, rot und schwarz,
duftet, schmeckt nach Pech und Harz?

Fühlst du, wie die Flammen schwärmen
Glut aushauchen, wohlig wärmen,
wie das Feuer, flackrig-wild,
dich in warme Wellen hüllt?

Hörst du, wie es leise knackt?
Siehst du, wie es matter flackt?
Riechst du, wie der Rauch verzieht?
Fühlst du, wie die Wärme flieht?

Kleiner wird der Feuersbraus:
ein letztes Knistern,
ein feines Flüstern,
ein schwaches Züngeln,
ein dünnes Ringeln –
aus.

Augengymnastik

112 Tippe die Buchstaben des Alphabets in der richtigen Reihenfolge an. Versuche möglichst schnell zu sein.

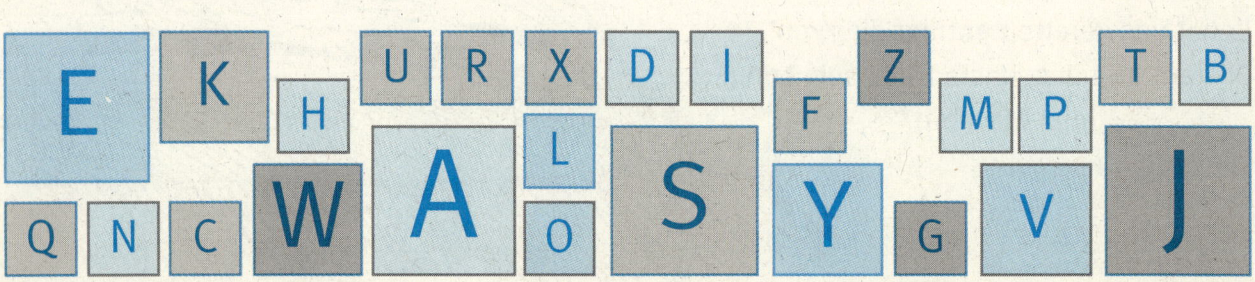

Der Stimme einen besonderen Klang geben

Auf den Vortrag kommt es an! Der Erfolg einer Werbung im Radio und TV hängt ganz wesentlich davon ab, welche Stimmung vermittelt wird. Wie klingen die Stimmen: temperamentvoll, ausdrucksvoll, langweilig, steif, hölzern, heruntergelesen?

113 Übe an diesem Text das **werbewirksame Sprechen.**

Und nun kommen wir zum Höhepunkt unserer Präsentation:
Sie erwarten eine Überraschung?
Etwas ganz Besonderes?
Sie werden nicht enttäuscht!
Sie wünschen – wir präsentieren.
Was Sie schon immer sehen wollten.
Ein Traum wird wahr!
Ich nenne nur drei Stichworte:
Die Sensation der diesjährigen Automobilmesse!
Weniger als zwei Liter auf 100 Kilometer!
Und dazu ein unglaublicher Preishammer!
Wir haben für Sie weder Kosten noch Mühen gescheut!
Hier ist der Neue!
Die Sensation, von der jeder spricht!
Das Erfolgsauto der Zukunft!
Der neue Max 2002
Mit Vierfach-Airbag, Sensorautomatik, Schiebedach,
Zentralverriegelung, Hybridantrieb!
Die Komfortlimousine des neuen Jahrtausends!
Der neue Max 2002

Augengymnastik

114 Tippe die Zahlen in der richtigen Reihenfolge an, von **1 bis 32.**
Versuche möglichst schnell zu sein.

5 17 22 8 … 13 3 21

25 10 2 31 28 1 24 … 27 15 19 32 9

12 30 23 16 7 14 20 29 11 4 6 26 18

Ausdrucksvolles Vorlesen

Tipps für das ausdrucksvolle Vorlesen

- Achte beim Vorlesen darauf, die **Lippen** sehr **deutlich** zu **bewegen.**
- Wechsle beim Vorlesen den **Klang** deiner Stimme, sie soll nicht monoton klingen.
- Versuche durch **besondere Betonungen** den **Sinn** des Satzes für den Zuhörer **deutlicher zu machen.** Das kann man aber nur, wenn man den Sinn vorher schon verstanden hat: Lies daher vor dem Vorlesen für andere einen Text immer zuerst leise durch.
- Wechsle beim Vorlesen die **Lautstärke,** Spannendes lies zum Beispiel leiser.

115 Bereite den Text zum ausdrucksvollen Vorlesen vor.
Lies ihn dann auch jemandem vor. Aber nicht nur deiner Katze oder deinem Hund!

Brief über eine Fahrt mit der Wiener Stadtbahn Wolfgang Pramper

Wien, Sommer 1970

Liebste Freundin,

wie du sicher weißt, leben in unserer schönen Wienerstadt viele Menschen. Große und kleine, freundliche und unfreundliche, liebenswürdige und solche, die es erst werden müssen. Insgesamt zirka 1,7 Millionen. Ganz schön viel, nicht wahr? Aber dazu kommen noch 400.000 Pendler, die wochentags in die Stadt strömen, und einige hunderttausend Gäste aus dem Ausland, die bei uns ständig leben oder sich nur zu Besuch hier aufhalten. Vielleicht kannst du dir als Landbewohnerin jetzt einigermaßen vorstellen, was sich bei unseren Verkehrsbetrieben am Morgen und bei Arbeitsschluss abspielt. Wohin du schaust: Menschen, Menschen, Menschen, Gedränge, Gestoße, Gepuffe. Überall wird genörgelt, gejammert und gestritten. Um ehrlich zu sein, es ist entsetzlich! Du wirst mir das gar nicht glauben wollen, so viel Gutes hast du schon von unserer Bundeshauptstadt gehört. Damit du nicht meinst, ich übertreibe, will ich dir eine ganz alltägliche Fahrt mit der Stadtbahn schildern.

Eine Stadtbahnstation erweckt von außen einen vertrauensvollen und beruhigenden Eindruck. Doch schon beim Betreten spürt man die drohende Gefahr. Für einen Fluchtversuch ist es aber schon zu spät, der Fluchtweg wird durch die nachströmende Masse abgeschnitten. Mit schonungsloser Gewalt wird man vom Strom der Leiber fortgerissen und die Wand entlanggeschleift, bis die donnernde Stimme einer Furcht einflößenden Schaffnerin die Bewegung kurz unterbricht. „Fahrscheineeee, bideeee!", schmettert sie allen entgegen, die auf den Bahnsteig wollen.

Ihrem scharfen Adlerblick entrinnt kein Schwarzfahrer, jeder ist froh, wenn er nur einen einfachen Fahrschein lösen muss. Manchmal kommt es vor, dass man für eine Handtasche einen Gepäckfahrschein oder für einen Gamsbart am Hut einen Tierfahrschein kaufen muss. Der Fahrpreis ist natürlich verglichen mit einer Geisterbahnfahrt sehr preiswert, nur dass es in der Geisterbahn lustiger ist.

Von freundlichen Aufmunterungen der Mitreisenden begleitet, wie etwa: „Geh scho weida, du Depperl!", wird man auf den Bahnsteig getrieben. Die Angst vor dem Kommenden schnürt einem die Kehle zu, kalter Schweiß rinnt einem in Strömen über die Stirn. Wild flackern die Augen und suchen vergebens Hilfe bei den Wartenden, die mitleidlos ins Leere starren. Brustkorb und Bauch hat man inzwischen eingezogen und die Arme wie ein Zinnsoldat angelegt, denn es herrscht unbeschreiblicher Platzmangel. Wagt es jemand auszuatmen, so werden die vorne Stehenden auf die Schienen gestoßen. Unter lauten Flüchen klettern sie wieder auf den Bahnsteig. Erst neulich bezeichnete mich ein unsympathischer Monatskartenbesitzer als „Nilpferd mit Hängebauch", nur weil ich einen Niesreiz nicht länger unterdrücken konnte.

Endlich nähert sich mit unbeschreiblicher Trägheit die rostfarbene Stadtbahn quietschend der Station. Es ist wie ein Wunder, auf das alle gewartet haben. Hurra- und Jubelrufe werden laut, manche preisen sich selig, dass sie diese kurze fahrplanmäßige Verspätung von nur 68 Minuten erleben durften. Was sich aber nun in den nächsten Sekunden ereignet, ist für jeden unglaublich, der es nicht selbst erlebt hat. Hunderte, was sage ich, Tausende versuchen aus dem Zug zu steigen. Aber da sind wir auf dem Bahnsteig. Vorangetrieben durch peitschende Rufe wie „Los, Gustl, zeig's ihm!", drängen wir zuerst zaghaft, dann aber immer gewalttätiger vorwärts. Ein heißer Kampf entbrennt, schon sieht man, wie sich der Zug leicht zur Seite neigt, nein, noch einmal gelingt das schier Unmögliche. Tatsächlich ist einem kleinen Teil der Aussteiger ihr lebensbedrohendes Vorhaben gelungen, worauf sie sofort auf die Knie fallen und lange Dankgesänge anstimmen.

Währenddessen fahren wir völlig bewegungslos und finster schweigend einer unsicheren Zukunft entgegen. Starre Blicke, Arme, die verzweifelt in die Höhe gerichtet sind, um die Haltegriffe zu erhaschen, Wange an Wange – man achte auf gut rasierte Partner – harren wir auf den gewiss nun kommenden Er-

stickungsanfall. Meist spürt man die Köpfe der Halbwüchsigen im Bauch oder einen Regenschirmgriff im Unterkiefer. Übrigens bin ich auf diese Weise schon zu einem Dutzend Schirme gekommen, die in der Aufregung hängen gelassen wurden. Gelangweilt streichen unsere Blicke über die Todesanzeigen an der Decke. Sie berichten von den Folgen schrecklicher „Freitag-17-Uhr-Schlachten". Besonders Kinder und Kleintiere verschwinden in dieser heißesten Zeit oft auf Nimmerwiedersehen. Inmitten dieser Grabesstille werden die ersten murmelnden Gebete laut. „Herr, lass nicht zu, dass ich wieder um sechs Stationen zu weit fahre!", höre ich meinen Nachbarn mit flehender Stimme wimmern. Je nach Wagenfülle kommt es zu hysterischen Tobsuchtsanfällen, die auf die Platzangst zurückzuführen sind. Im ersten Wagen geben die Fahrgäste dem Fahrer auf freundschaftliche Weise zu verstehen, die 5-Stundenkilometer-Geschwindigkeit doch ausnahmsweise geringfügig zu überschreiten. Pausenlos wird der Arme von den Verzweifelten gezerrt und gestoßen. Doch der Gute ist an diese Aufmunterungen schon gewöhnt und beschleunigt den Triebwagen um keinen mickrigen Stundenkilometer. Dennoch verbreitet sich nach kaum einer Stunde Fahrzeit die Nachricht vom Herannahen der nächsten Station. Rasch bereiten die Aussteiger als verschworene Gemeinschaft einen Stoßkeil vor. Die todesmutigen Kämpfer an der Spitze sind ausnahmslos Träger der goldenen Straßenbahn-Nahkampfspange.

Voller Bewunderung versammeln wir uns hinter ihren kastengroßen Oberkörpern und warten gespannt auf das Signal zum Nachrücken. Da öffnen sich auch schon zischend die Falttüren in die Freiheit. Mit einem Furcht einflößenden „Yippie"-Schrei stoßen wir dem Vordermann unsere rechte Schulter in den Rücken und stemmen uns beidbeinig gegen die Zurückbleibenden. Jeder von uns weiß, worum es in diesem Moment geht, und gibt sein Äußerstes. Glücklicherweise schaffen wir diesmal den Ausstieg und freuen uns schon heimlich auf die nächste Stadtbahnfahrt. Es ist doch ein herrliches Vergnügen, ein Abenteuer im Dschungel der Großstadt.

In Liebe dein Wiener Freund

Poldi

PS. Dieser Text wurde 1970 geschrieben. Inzwischen hat eine moderne U-Bahn die alte Stadtbahn abgelöst. Alles ist viel bequemer, schneller und schöner geworden, leider aber auch viel langweiliger. Eigentlich schade um die alte Stadtbahn!

Der Stimme einen besonderen Klang geben

116 In der folgenden Geschichte kommen viele **wörtliche Reden** vor.
Jede soll anders gelesen werden. Beachte die Lesehinweise! Bereite das Vorlesen gut vor.
▷ Wenn ihr mehrere seid, könnt ihr auch mit verteilten Rollen lesen.

Wie das Märchen von den vier Stadtmusikanten begann

Wolfgang Pramper

ERZÄHLER, *lebhaft:* Das ist die wahre Geschichte von einem Esel und seinen Freunden. Sie spielt vor langer Zeit, als es noch Ritter gab. Diese Ritter waren vielleicht wilde Gesellen! Die jagten zu ihrem puren Vergnügen Wildschweine, Hirsche, Bären und vor allem natürlich Drachen. Und zwar so lange, bis sie alle ausgerottet hatten. Drachen waren ihnen natürlich am liebsten. Die, die Feuer spucken konnten, und auch die, die nur über entsetzlichen Mundgeruch verfügten. Nur die ganz kleinen Drachen, die so genannten „Erdechsen“, ließen sie überleben, die waren ihnen viel zu gering und daher für einen echten Ritter unwürdig.

FACHMANN, *sachlich:* Aus den Erdechsen wurden später dann die Eidechsen, weil irgend so ein schlampiger Tierforscher statt dem *r* ein *i* geschrieben hatte.

ERZÄHLER, *lebhaft:* Die Ritter benutzten bei ihren Jagden nur Pferde, was sonst. Weshalb sie mit den Jahren auch immer dicker wurden, die Ritter natürlich, und immer größere Rüstungen brauchten, vor allem um ihren dicken Bauch herum. Dann sagten sie zu dem Handwerker, der die Rüstungen machte:

RITTER, *wütend:* Elender Bursche, du hast schlechtes Eisen verwendet, jedes Mal wenn ich in den Regen komme, wird meine Rüstung enger. Ich werde dir zur Strafe eine Tracht Prügel verpassen!

ERZÄHLER, *lebhaft:* Und wenn sie reich waren, sagten sie weiter:

Ritter, *befehlend:* Mach mir eine Rüstung, eine, die schön weit ist, und wehe dir, wenn ich nicht genug Platz darin habe!

Erzähler, *lebhaft:* Aber wenn sie arme Ritter waren, sagten sie bloß:

Ritter, *drohend:* Klopf mir die Rüstung so aus, dass sie schön weit beim Bauch wird. Ich kämpfe sowieso nicht mehr, jedenfalls darf sie nicht drücken. Und wehe dir, elender Bursche, wenn jemand sieht, dass sie ausgebessert wurde!

Erzähler, *lebhaft:* Um die Esel kümmerten sich die Ritter jedenfalls rein gar nicht. Der Esel, von dem die Geschichte handelt, er heißt übrigens Benjamin, lebte in dieser Zeit. Sein Name ist nicht gerade sehr einfallsreich, denn fast alle Esel heißen so. Aber die Leute, bei denen der Esel lebte, hatten so viel zu tun, dass sie nicht lange über den Namen eines Esels nachdenken konnten. Außerdem sagten ohnehin alle nur Ben zu ihm. Wahrscheinlich, weil man ihn so leichter rufen konnte. Und gerufen wurde Ben sehr oft vom Müller. Da hieß es dann:

Müller, *mundartlich:* Ben, komm her! Brr, Ben, steh still! Ben, geh weiter! Schneller, Ben, schneller!

Erzähler, *lebhaft:* Und manchmal, wenn der Mann einen schlechten Tag hatte, hieß es auch:

Müller, *schimpfend:* Blöder Esel, halt still! Du dummes Viech, geh weiter! Du dummer, bockiger Esel, du! Geh endlich weiter, es wird schon finster!

ERZÄHLER, *lebhaft:* Der Esel Ben lebte schon seit vielen Jahren bei zwei Müllersleuten: einem Mann und seiner Frau, die zusammen schon 30 Jahre eine Mühle betrieben. Dort mahlten sie von früh bis spät Getreide, damit die Menschen genug Mehl bekamen, um Brote zu backen. Und natürlich musste der Esel tagein, tagaus die schweren Säcke schleppen. Die Säcke mit dem Getreide zur Mühle und die Säcke mit dem Mehl zu den Bauern.

FACHMANN, *sachlich:* So ein Sack konnte schon 50 Kilo wiegen und der Müller legte ihm oft gleich zwei Säcke auf den Rücken. Tja, Tiere hatten es damals sicher nicht leicht.

ERZÄHLER, *lebhaft:* Und wenn sich der Müller auf dem Jahrmarkt ein neues Bett kaufte, musste es natürlich Ben zur Mühle heimtragen. Wer sonst? Und wenn die Müllerin in die Stadt wollte, ritt sie auf dem Esel, um sich ihre Schuhe und Kleider nicht schmutzig zu machen. Natürlich wäre sie lieber in einer Pferdekutsche in die Stadt gefahren. Aber ein Pferd konnten sich die beiden wirklich nicht leisten. Meistens musste die Müllerin alleine in die Stadt reiten, denn ihr Mann konnte nicht zusehen, wenn sie Geld ausgab, für unnötiges Zeug, sagte er immer. Jedenfalls war es ihr auf dem Weg zur Stadt langweilig und sie wollte sich gerne unterhalten. Da kam es schon vor, dass sie sogar zu Benjamin etwas sagte:

MÜLLERIN, *freundlich:* Na, kleiner, starker Ben. Schöner Tag heute, findest du nicht? Ob ich mir wohl heute ein schönes Ringlein kaufen soll? Was meinst du?

FACHMANN, *sachlich:* So ein Esel wie der Benjamin war nie sehr gesprächig und ungebildete Menschen meinten daher, dass er schlecht gelaunt wäre. Aber das stimmt keinesfalls. Esel sind nur manchmal stur und bockig, aber das hat seinen Grund: Esel sind nämlich recht kluge Tiere und können Gefahren sehr gut erkennen. Ja, sie sind alles andere als dumm. Eigentlich müsste man sogar von klugen Eseln sprechen, denn im Gegensatz zu Pferden, die sich alles gefallen lassen, denkt so ein Grauer sehr gut mit. Wenn er sich fürchtet, wird er widerspenstig. Er würde nie über ein Hindernis springen, bei dem er sich ein Bein brechen könnte, etwas, was man bei Pferden laufend erleben kann.

ERZÄHLER, *lebhaft:* Jedenfalls mochte Ben seine Arbeit und manchmal sang er sogar noch ein „I-A, I-A“ dazu. Ja, für ihn war es wirklich ein Singen, wenn es auch die anderen eher für ein Krächzen hielten. Er war schon so lange beim Müller, dass er sich noch an die Zeit erinnern konnte, als der Müller noch ein kleiner Junge gewesen war. Damals war er gerne auf dem Esel geritten und hatte mit ihm gespielt und ihn Beni genannt, aber heute war der Esel alt und struppig und niemand war lieb zu ihm. Selbst für die schwere Arbeit bekam er nicht einmal ein lobendes Wort zu hören. Manchmal konnte er nicht mehr so, wie der Müller wollte, da kam es schon vor, dass der Esel harte Worte zu hören bekam und so manchen Schlag mit dem Stock. Was aber der Esel eines Tages mitanhören musste, als der Müller mit einem Fleischer verhandelte, ließ ihm das Blut in den Adern gefrieren.

MÜLLER, *verlogen:* Wie viel gibst du mir für den Esel? Ich hab ihn immer nur mit dem besten Futter gefüttert. Nie hat er gehungert! Der ist mindestens 10 Gulden wert!

FLEISCHER, *empört, derb:* Ich glaub’, du spinnst, Müller, 10 Gulden für so einen herabgekommenen alten Esel. Für 10 Gulden bekomme ich beim Bauern drei junge Kälber und ein Lamm noch dazu. Sei froh, dass du mir nichts zahlen musst, wenn ich diesen armseligen Esel mitnehme und zu Wurst verarbeite. Du kannst höchstens ein paar Würste für ihn haben. Einverstanden?

MÜLLER, *wild:* Nie und nimmer! Mindestens zehn Würste möcht’ ich, mindestens, aber vom Schweinefleisch, Eselsfleisch mag ich nicht. Na ja, schlag ein, das Geschäft gilt!

ERZÄHLER, *lebhaft:* Der Esel, der dies alles gehört hatte, nahm Reißaus und beschloss noch ein lustiges Leben bis zu seinem Ende zu führen. Und da er schon immer gerne gesungen hatte, dachte er sich, Musikant zu sein wäre das Richtige für ihn. Ja, es ist traurig, aber wahr, der alte Esel glaubte wirklich, er könne mit seinen Liedern anderen eine Freude machen.
Wie er so den weiten Weg dahinging, der in die nächste Stadt führte, traf er einen alten räudigen Hund. Der heulte zum Steine-Erweichen.

Esel, *freundlich, redselig:* Ja, was ist denn mit dir los? An so einem prächtigen Tag heulen. Du hast Glück, dass gerade ich vorbeikomme, ich bin nämlich der beste Tierpsychologe weit und breit. Gestatten, Dr. Graubein, mein Name. Also, ganz ohne Krankenschein geht's natürlich nicht, aber den Papierkram erledigen wir später. Zunächst einmal auf den Rücken legen, dann die Augen schließen und erzählen. Welche schöne Hundedame hat dir solchen Kummer bereitet?

Hund, *grantig, traurig:* Red' keinen Quatsch, alter Esel, nicht eine Hundedame hat mir den Kopf verdreht, sondern mein Herr möchte mir am liebsten den Hals umdrehen. Und das, obwohl ich fast zwanzig Jahre seinen Hof vor ungebetenen Gästen beschützt habe. Jahrein, jahraus bin ich mit den Schafen auf die Weide gegangen und habe sie dort mit meinen Zähnen und Klauen vor den Wölfen und Bären beschützt. Gar manchen Hieb und Biss habe ich dabei einstecken müssen. Im Vorjahr habe ich sogar durch mein Gebell die Bauersleute und das ganze Haus gerettet, als sich ein Feuer ausbreiten wollte. Aber Undank ist halt der Lohn dieser hartherzigen Menschen!

Erzähler, *lebhaft:* Die beiden redeten noch lange und erzählten von ihrem Leben. Als es schon dunkel wurde, beschlossen sie gemeinsam weiterzuziehen. Und es dauerte nicht lange, da trafen sie eine struppige Katze. Und wie es weiterging, könnt ihr euch schon denken. Und wenn ihr es wirklich nicht wisst, müsst ihr unbedingt das Märchen von den Bremer Stadtmusikanten der Brüder Grimm lesen. Ihr werdet es nicht bereuen.

Analyse der Lesequalität

Beobachtungsbogen

Name: ______________________________

1. Datum der Überprüfung: ______________ 2. Datum der Überprüfung: ______________

3. Datum der Überprüfung: ______________ 4. Datum der Überprüfung: ______________

Der Schüler/die Schülerin liest laut einen unbekannten Text für die Analyse vor. Je nach Auffälligkeit werden die Felder des Beobachtungsbogens mit einem Farbstift schraffiert. Es können auch zwei Felder in einer Zeile schraffiert werden, wenn das Vorlesen zwischen diesen Feldern wechselt. In diesem Fall jeweils diagonal nur die Hälfte schraffieren. Zu einem späteren Zeitpunkt – nach $^1/_2$ bis 1 Jahr – die Beobachtung wiederholen.

				Meisterklasse	**ein Profi im Vorlesen**
Art des Vorlesens	Buchstabe für Buchstabe wird aneinander gereiht	Silbe für Silbe wird aneinander gereiht	Wort für Wort wird aneinander gereiht	Lesen in Wortgruppen, rasches Aneinanderreihen der Wörter	rhythmisches Lesen in Wortgruppen mit beabsichtigten Pausen
Lesetempo	stockend, sehr schleppend, zu langsam	ständiger Tempowechsel, schneller bei einfachen Wörtern, „Steckenbleiben" bei schwierigen Wörtern	ausreichend flüssig, angemessen schnell, zumindest im ersten Absatz	flüssiges Vorlesen auch bei längeren Textstellen, das Lesen stellt nur eine geringe Anstrengung dar	sehr flüssig, Tempowechsel wird absichtlich zur Gestaltung eingesetzt, z.B. gedehntes Lesen bei spannenden Stellen, Freude am Lesen ist spürbar
Lesefehler, Lesegenauigkeit	viele Ratefehler (z.B. „Kopfhörer" statt „Gehör" oder „Hause" statt „Hose"; der Leser merkt seine Fehler nicht	viele Ungenauigkeiten, „Hinzufügungen" und „Auslassungen" („viele" statt „viel" oder „fahren" statt „befahren")	häufige Ausbesserungen, der Leser merkt die meisten seiner Fehler, oft findet ein umständliches Ausbessern statt	wenige Fehler, solche, die den Sinn nicht stören, werden bereits übergangen oder nicht durch Wiederholungen ausgebessert	sehr wenige sinnstörende Fehler, nahezu fehlerloses Vorlesen, kleine Fehler werden einfach ignoriert
Aussprache, Deutlichkeit	Sprechfehler wie Lispeln, Schnarren, Verhaspeln, Stottern	Undeutliches Lesen, Verschlucken von Silben, „mundfaules" Lesen, wenig Lippenbewegung	im Großen und Ganzen deutlich; jedoch noch gedehntes Lesen bei schwierigen Wörtern	klares Sprechen, deutliches Bewegen der Lippen, angenehme Lautstärke	sehr gut verständliches Vorlesen, selbst bei Konsonanten ist große Deutlichkeit gegeben
Stimmklang	sehr monoton, einschläfernd	zu leise, ohne Bezug zum Inhalt, der Text wird „heruntergelesen"	im Großen und Ganzen gut zum Zuhören, gelegentliches Beachten des Inhaltes, z. B. wörtliche Reden	ausdrucksvolles Vorlesen, ein „erzählendes Vorlesen" wird bereits angestrebt	die Stimme wird variierend eingesetzt (leise, laut, lieblich, drohend) je nach Inhalt, der Leser traut sich herauszugehen

Register und Verzeichnisse

Vorschläge für Übungen bei spezifischen Leseschwächen[1]

Bei Schwächen in der Art des Lesens

- Mehr mit einem Blick erfassen
- Blitzlesen mit Wörtern
- Augengymnastik
- Erweiterung der Blickspanne
- Lesen mit dem Flattersatz
- Wie funktioniert das Lesen?
- Konzentrationsübungen
- Schau genau!

Bei Schwächen im Lesetempo

- Lesetest: Stoppe deine Lesezeit
- Blitzlesen mit Wortgruppen
- Schnelles Lesen
- Wörter mit schlecht lesbaren Buchstaben
- Wörter mit fehlenden Buchstaben
- Vorausblickendes Lesen
- Lesen mit Hindernissen
- Konzentrationsübungen
- Schau genau!
- Augengymnastik
- Lesen mit dem Flattersatz
- Erweiterung der Blickspanne
- Einen Text zum Vorlesen vorbereiten

Bei vielen Lesefehlern

- Genaues Lesen
- Vorausblickendes Lesen
- Lesen mit Hindernissen
- Konzentrationsübungen
- Schau genau!
- Augengymnastik
- Einen Text zum Vorlesen vorbereiten
- Texte vergleichen
- Mehr mit einem Blick erfassen
- Blitzlesen
- Wörter mit fehlenden Buchstaben
- Leseslalom
- Lesen mit dem Flattersatz
- Fehlende Wortteile ergänzen

Bei Schwächen in der Aussprache

- Verschieden betonen
- Lesen mit dem Flattersatz
- Lesen mit Hindernissen
- Einen Text zum Vorlesen vorbereiten
- Flüsterlesen

Bei Schwächen im Stimmklang

- Verschieden betonen
- Einen Text zum Vorlesen vorbereiten
- Pausen halten
- Stimmungen durch den Klang der Stimme ausdrücken
- Der Stimme einen besonderen Klang geben
- Ausdrucksvolles Vorlesen
- Schau genau!

Zum Verstehen des Gelesenen

- Schnelles und genaues Lesen
- Fragen zum Text beantworten
- Die Bedeutung von Redewendungen verstehen
- Das Gelesene verstehen
- Beim Lesen mitdenken
- Die Bedeutung von Wörtern verstehen
- Die Bedeutung von Sprichwörtern verstehen
- Leseslalom
- Texte vergleichen
- Fehlende Wörter ergänzen

1 Vgl. die Seitenangaben auf S. 96 zu den hier genannten Übungen.

Register nach Stichworten für gezieltes Üben

Lösungen

Lese-
Lern-
Maschine
2

7. – 9. Schuljahr

1 Hast, Haut – Hans, Haus – Wand, Hand – Worte, Werte – Tante, Tanne – Haus, Maus

2 **Lesetest:**

1. Berchtesgaden
2. Ochsen
3. Hias
4. im Hosensack, in der Hosentasche
5. Zwerg
6. Heinzel
7. mit Steinen
8. Hunde
9. von Felsbrocken und Steinen
10. Bayern

18 Es handelt sich um eine optische Täuschung, bei der drei und vier Schlote richtig scheinen.

20

1. in Athen
2. Dädalus und Ikarus
3. Dädalus
4. Talos
5. Neid
6. auf die Insel Kreta
7. für König Minos
8. die Königstochter
9. Flügel aus Federn
10. der Sonne
11. ja

27 Eines Tages versammelten sich die Mäuse auf einer Wiese und berieten, wie sie sich am besten vor der Katze schützen könnten. Viele Ideen wurden vorgebracht, aber bald wieder verworfen. Dann meldete sich eine ganz junge Maus mit folgendem Vorschlag. „Wir könnten der Katze eine Glocke umbinden, dann würden wir sie schon von weitem hören und könnten davonlaufen!“ Alle waren von dieser Idee begeistert. Nach einiger Zeit meldete sich aber eine sehr alte Maus zu Wort und sagte: „Schön und gut, aber wer bindet der Katze die Glocke um?“ Niemand wollte das tun, und daher hat bis heute keine Katze eine Glocke um.

28 „Was ist Faulheit?“, lautet das Aufsatzthema, und die Schüler schreiben und schreiben. Aber der Lehrer staunt nicht schlecht, als ausgerechnet der stinkfaule Klaus der Erste ist, der sein Heft abgibt. Noch mehr aber staunt er, als er neugierig das Heft durchblättert und lauter leere Seiten vorfindet. Auf der letzten Seite aber steht in großen Buchstaben: „Sehen Sie, das ist Faulheit!“

29 Wasser, Vorzimmer, Wohnzimmer, Klosett, Teller, Kochlöffel, Flugplatz, Pferd, Tafel (Teufel), Traktor, Nähmaschine, nämlich;

ziemlich, trotzdem, Motorrad, Schildkröte, Teppich, Blumenvase, manchmal, Schlange, Schultaschen, Musik (Maske), Arzt, Beispiel;

nicht, Preis, bleiben, Brief, Platz, richtig, möglich, Menschen, besonders, bitten, brechen, (brauchen), Lastkraftwagen;

rechts, Bett, Blume, plötzlich, Stadt, schließlich, Schwester, Computer, Schwimmbad, Fußballspieler, Kassettenrekorder, schließen

30 beiden, feindlichen, erkunden, leichtesten, kehrten, Vorgesetzten, Grenze, Land, seiner, kleinen, lieb, Menschen, werden, Krieg, Feldherrn, jeder

33 Die Zahl der Kreise: 17

und der Dreiecke: 14

36 Anzahl der Figuren:

Quadrat: 13 · Kreis: 12 · Dreieck: 16 · Raute: 14

39 Zahl der ungleichen Paare: 19

44

S	O	N	J	A	N	R	T	O	I	S	S	I	S	S	I
D	U	T	H	E	R	E	S	A	N	G	A	B	I	L	E
R	R	S	B	A	P	V	P	X	G	U	B	W	I	L	L
E	S	C	I	N	G	E	E	F	R	Y	I	L	S	E	I
N	U	H	R	C	A	A	T	H	I	O	N	C	O	Z	S
A	L	H	G	E	R	T	R	U	D	J	E	T	I	N	A
T	A	E	I	F	G	Y	A	H	O	E	U	B	Y	G	B
E	Y	N	T	Z	N	I	C	O	L	E	O	L	G	A	E
A	C	H	N	D	A	A	N	D	R	E	A	Z	I	B	T
D	A	G	M	A	R	D	M	A	R	I	A	O	G	A	H

45 Peter wohnt in München;
Susi wohnt in Linz;
Andreas wohnt in Berlin;
Christian wohnt in Stuttgart;
Kathrin wohnt in Hamburg;
Gisela wohnt in Wien;
Michael wohnt in Salzburg;
Dagmar wohnt in Dresden;
Nicole wohnt in Augsburg.

47 Zahl der Verbindungen: 9

49 Tabak, Stupsnase, Schäferhund, Mittelpunkt, Schnitzel, Fußball, Maikäfer

Schraube, Schmetterling, Proviant, Plombe, Plastik, Mitternacht, Mittagessen

Bilderrahmen, Kartoffelsuppe, Eisenbahn, Lautsprecher, Druckmaschine, Autobus, Katzenfutter

Tischtennis, Briefträger, Muttertag, Ansichtskarte, Hochzeit, Apparat, Konzentration

51
- 8 modernes Passagierschiff
- 2 Hochseeklipper um 1900
- 7 römische Kriegsgaleere
- 1 englisches Kriegsschiff um 1600
- 6 Kreuzfahrerschiff um 1200
- 4 ägyptisches Binsenboot
- 10 phönizisches Handelsschiff
- 9 Kriegsschiff um 1900
- 11 Wikingerschiff um 800
- 5 moderner Öltanker
- 3 Fregatte um 1500

53

54 Interesse, Regisseur, Karosserie, Kassette, Terrasse, Karussel, Delikatesse, Mission, Grimasse, Passagier

55 **Über die Reisen der Schmetterlinge**

Viele von ihnen sind tatsächlich „Wanderfalter“. Schmetterlinge fleigen in wenigen Wochen bis zu 4000 kmh weit, Hotten überqueren Weltmeere, Marienkäfer und Labellen überfliegen ganzen Kontinente. Die Distelfalter beispielsweise kommen von Afrika, überfliegen das Mittelmeer und legen ihre Eier an Disteln, Kletter und Brennnesseln ab. Die daraus entstehende Schmetterlingsgenerartion fliegt im Herbst die 3000 km zurück, bei uns würden sie ihn nämlich den Winter nicht überleben. In Jahren starker Vermuhrung wandern die Kohlweißlinge vom Schwarzen Meer bis nach England. Der im tropischen Afrika lebende Totenkopf-Nachtfalter gelangt in manchen Jahren von seiner Heimat bis nach Schweden und Finnland. Zu den reiselustigsten Schmetterlingen gehören in Europa der Admirale, Haufalter, Kleiner Postillion, alle Schwärmer und einige Nachtfalter. Wie können die kleinen, lustigen Schaukler über so riesige Entfernungen genau Kurs halten? Versuche haben gezeigt, dass Nachtfalter ebenso viele Sterne erkennen wie wir Menschen. Aber ihr Sehvermögen ist in den Violett-Bereichen verlagert. Für sie erscheinen Sternen, die uns nur schwach leuchten, strahlend hell – und umgekehrt. Sie sehen also ganz andere Sternbilder als unsere Augen. Besonders helle Sternen erwählt der Nachtfalter gleichsam als Leuchtturm.

57 Zahl der ungleichen Paare: 26

60 Laus, Eber, Ren, Ameise, Schnecke, Assel, Krähe, Taube, Lama, Gnu, Sau, Igel, Assel, Fliege, Wiesel, Schaf, Papagei, Amsel, Otter, Unke, Stier, Affe, Eule, Rind, Spitz, Ochse,

Puma, Schabe, Krake, Kater, Pirol, Floh, Gans, Bache, Ross, Ente, Echse, Elch, Anakonda, Waran

61 **Wie es den Kindern der Bauern im Mittelalter ging**

Die Kinder hatten nur eine kurze Kindheit. Sie heirateten jung, nicht selten die Mädchen schon mit 13 Jahren. Zwar kamen viele Kinder zur Welt, doch viele starben schon im Kleinkindalter. Auch die Mütter schwebten wegen der unhygienischen Zustände in großer Gefahr, Bäuerinnen gingen nach einer Geburt viel zu früh wieder einer anstrengenden Arbeit nach. Daher starben viele am so genannten Kindbettfieber. Die Mütter stillten die Kinder selbst, erst im Spätmittelalter ließen adelige Frauen ihr Kind von einer Amme ernähren. Das neugeborene Kind wurde dem Mann vor die Füße gelegt, hob er es vom Fußboden auf, nahm er das Kind als sein Kind mit allen Rechten an. Nicht anerkannte Kinder wurden im Wald oder vor Kirchen und Klöstern ausgesetzt. Dieses grausame Verhalten war besonders in Hungerszeiten weit verbreitet. Sicher erinnert dich das an das Märchen „Hänsel und Gretel"!

64

1. in einem Raumschiff (UFO, Rakete)
2. ein kleines grünes Männchen, ein Außerirdischer
3. er ist Fußballspieler (im Mittelfeld)
4. nein (er wird entführt)
5. als Mittelfeldspieler, Spielmacher
6. um für die Mannschaft der Außerirdischen spielen zu können
7. er bekommt Beine wie Froschschenkel, gelbliche Schuppen an den Händen
8. am kleinsten der Jupitermonde
9. mit Beckenbauer
10. den Schluckauf

66

1. Jetzt schlägt's aber 13!
2. Da ist der Wurm drin.
3. Den Stier bei den Hörnern packen.
4. Den Kopf in den Sand stecken.
5. Sich wie ein Elefant im Porzellanladen benehmen.
6. Die Katze im Sack kaufen.
7. Aus einer Mücke einen Elefanten machen.
8. Krokodilstränen vergießen.
9. Mit dem linken Fuß zuerst aufgestanden sein.
10. Den Ast absägen, auf dem man sitzt.

70 d, e

71 3., 7., 9.

72 Haus 1: Norweger, Tee, Zierfische, braun, Kegeln
Haus 2: Deutscher, Limonade, Hund, blau, Modelleisenbahn
Haus 3: Amerikaner, Kakao, Bienen, rot, Schachspielen
Haus 4: Österreicher, Kaffee, Katze, grün, Briefmarkensammeln
Haus 5: Italiener, Wein, Hamster, weiß, Fußballspielen

74 amüsant – unterhaltsam; aktiv sein – tätig sein; aggressiv – angriffslustig; akzeptieren – annehmen; aktuell – zeitgemäß; abschätzig – abfällig; auskosten – ausgiebig genießen; leugnen – abstreiten; Luftschloss – Einbildung; makellos – fehlerlos; Mansarde – Dachkammer; Menü – Gericht; mies – schlecht; Mine – Bergwerk; miserabel – minderwertig; missliebig – unbeliebt; mogeln – betrügen; nörgeln – beanstanden; geistreich – einfallsreich; obdachlos – wohnungslos; objektiv – sachlich; Objekt – Gegenstand

75 Ort: 6., 7., 13., 14.
Zeit: 2., 3., 5., 12.
Person: 1., 4., 8., 9., 10., 11.

77

1. C	3. A	5. B	7. B
2. A	4. C	6. A	8. A

78 Gemälde – Rahmen; Schaufel – Stiel ; Abschied – Besuch ; Kessel – Topf ; Feuer – Streichholz

79

1. C	4. A	7. B	10. A	13. A
2. B	5. B	8. C	11. A	14. B
3. A	6. A	9. B	12. C	

81 hell – dunkel; schwarz – weiß; Anfang – Ende; Hölle – Himmel; schneeweiß – kohlrabenschwarz; rasen – bummeln; Vergangenheit – Zukunft; Oase – Wüste; nah – fern; feig – mutig; reich – arm; tot – lebendig; freundlich – feindlich; kalt – warm

82 B F N O Q V

83
1. Eine Schwalbe macht noch keinen Sommer.
2. Wer zuletzt lacht, lacht am besten.
3. Was ich nicht weiß, macht mich nicht heiß.
4. Am Abend werden die Faulen fleißig.
5. Der Spatz in der Hand ist besser als eine Taube auf dem Dach.
6. Wer den Cent nicht ehrt, ist den Euro nicht wert.
7. Was Hänschen nicht lernt, lernt Hans nimmermehr.
8. Wer anderen eine Grube gräbt, fällt selbst hinein.
9. Der Krug geht so lange zum Brunnen, bis er bricht.
10. Wer einmal lügt, dem glaubt man nicht, auch wenn er tausendmal die Wahrheit spricht.

84 1 C 2 E 3 D 4 F 5 B
6 I 7 G 8 H 9 J 10 A

85 pädagogisch – erzieherisch; parken – abstellen; perfekt – vollkommen; Pessimist – Schwarzseher; Position – Standort; Profit – Nutzen; professionell – berufsmäßig; prophezeien – weissagen; prompt – sofort; pachten – mieten; original – echt; Termin – Zeitpunkt; protestieren – Einspruch erheben; Protokoll – Niederschrift; Safe – Geldschrank; Sakko – Jacke; schelmisch – spaßig; sieden – kochen; Theologe – Geistlicher; Gehölz – Wäldchen; Garantie – Gewähr; salutieren – grüßen

86 1. B 3. C 5. B 7. B 9. C
2. C 4. B 6. C 8. B 10. B

90 C

91 1. D 4. B 7. C 10. C 13. C
2. B 5. D 8. A 11. C 14. B
3. C 6. C 9. B 12. A

93 1. C 3. C 5. A 7. A 9. A
2. A 4. B 6. B 8. B

94 F I S

95 1. A 4. A 7. B 10. B 13. A
2. D 5. D 8. D 11. B 14. C
3. C 6. B 9. A 12. A

96 **Glück im Unglück**

Eine ältere Dame wird von einem jugendlichen Radfahrer angefahren und fällt hin. Der Radfahrer hilft der Frau auf und sagt: „Da haben Sie aber Glück gehabt!"
„Wieso sagen Sie, ich hätte Glück gehabt, wo Sie mich doch niedergestoßen haben!", sagt die Frau.
„Na ja, wissen Sie, normalerweise fahre ich mittwochs immer mit dem Bus."

Pech gehabt

Ein älterer Herr steht eines Tages in der Schlange vor einer Supermarktkasse.
Plötzlich kommt eine junge Frau daher, die nur eine Tüte Zucker gekauft hat, und fragt ihn, ob er sie vorlassen würde.
Der Herr gestattet es mit einem freundlichen Lächeln.
Gerade als die junge Dame zahlen will, kommen einige Herren der Geschäftsleitung auf sie zu und gratulieren ihr mit einem Blumenstrauß.
„Sie sind die millionste Kundin und dürfen ein Jahr lang jeden Tag gratis einkaufen, soviel Sie tragen können!", sagen sie zu ihr.

97 die, war, zur, des, Imker, einem, zu, bestimmte, Am, die, einer, klebten, mit, auf, sie, Bienen, Heimweg, eine, passieren, das, Am, wurden, verwendet, kamen, Agenten, Körper, bedeutete, blaue, der, werden, zu, den, aufgetragen, vergrößert

103 **Der Panther** (nach Rainer Maria Rilke)

Sein Blick ist im Vorübergehen der Stäbe
so träge geworden, dass er nichts mehr hält.
Ihm ist, als ob es tausende Stäbe gibt
und hinter tausenden Stäben keine Welt.
Der weiche Gang geschmeidiger starker Schritte,
der sich im kleinsten Kreise dreht,
ist wie ein Tanz von Kraft um einen Mittelpunkt,
in der betäubt sein großer Wille steht.
Nur manches Mal schiebt der Vorhang der Pupille
sich leise auf –. Dann geht ein Blick hinein,
geht durch der Glieder angespannte Stille –
und das hört im Herzen auf zu sein.